znakovi pored puta

Dragan Stojanović
SVETSKA KNJIŽEVNOST

Naučno proverene povesti
o poznatim ličnostima iz
svetske književnosti
u kojima se iznosi istina
o raznim pitanjima a naročito
o ljubavi,

razvrstane
u
četiri knjige

Rad / Beograd
/ 1988

O SECULUM INSIPIENS ET INFACETUM!
KATUL

OD AUTORA

Nije isključeno, čak je verovatno da će se čitalac upitati: zašto ja, čitalac, treba da trošim dragoceno vreme proučavajući živote pojedinih ličnosti poznatih iz svetske književnosti. Neko će se, razmišljajući o ovome, možda i rasrditi. Molimo čitaoca da ne prenagljuje sa srdžbom, ni ovde, kao ni inače! — Kada nevolja zadesi ljude, pa da li je to tigar koji je pobegao iz zoološkog vrta ili lav, poplava ili šumski požar, krompirova zlatica, pomor stoke ili epidemija azijskog gripa (da o političkim nemirima ili ratnoj opasnosti — daleko bilo! — i ne govorimo), onda će i najdremljiviji društveni upravljači odmah preduzeti neke korake, i u najučmalijim zajednicama pokrenuće se nešto, i najskučenijoj pameti biće jasno da se pred nesrećama i pošastima ne može unedogled sedeti skrštenih ruku, pa će nekog zadovoljstva, možda i oduševljenja, biti čak i kad se protiv ovakvih i sličnih stvari dejstvuje aljkavo, polovično, sa slabom i kratkom koncentracijom: čovek je zadovoljan sobom čim se pokrene, pa kako god i koliko god. Biva da se nedaće poput nabrojanih, a i svakojake druge, trpe dugo, tako da se više i ne zna kad im je bio početak. No, i u tom slučaju oni koji su pogođeni borbu protiv njih smatraju opravdanom, poželjnom pa i neophodnom, kao što je, ne manje, takvom smatraju i onda kada sami uopšte ne učestvuju u njoj, i možda naročito tad. Međutim — i tu sad dolazimo na našu stvar — ako se o ličnostima iz svetske književnosti iznose nepouzdane i neproverene stvari, ako se na taj način ugrožava istina, ako se poluobaveštena govorkanja nesmetano prenose, pa se čak knjige koje ih sadrže reklamiraju po novinama i na svaki način naturaju čitaocu, to onda — stvar je zapravo krajnje neverovatna! — nikoga ne uzbuđuje niti ko mnogo haje za to. Paniku zbog preteće zablude niko ne oseća, plima nenaučnosti jedva da koga brine. Niko ništa ne preduzima, svi spavaju mirnim snom, dok se virus neznanja i poluznanja (a ne zna se šta je gore od toga dvoga!) nesmetano širi. Jasno je, međutim, da su štete od netačno ispričanih i naučno neutemeljenih priča veće, mada nisu tako neposredno i brzo uočljive, nego štete od požara i poplava, strašnije su nego strah od tigrovih sekutića, opasnije od gladi i žeđi. Da i ne govorimo da ima i mnogo drugih »priča«, čije poreklo nije u svetskoj književnosti, koje nam uporno pričaju iako u njima nema istine ni koliko za lek...

Pomoć tu može pružiti samo nauka, koja ima svoje posebne odgovornosti. Iz osećanja obaveze prema istini rodio se naum da se napiše ova knjiga: ako nekome nije stalo do istine, do čega mu je onda stalo! Razminjujući se sa istinom, ne razminjuje li se čovek — ionako ugrožen sa svake strane, tigrovima, usovima u snežnoj pustinji, svakakvim drugim nedaćama — sa svim što je najvrednije, sa ljubavlju i dobrotom, vedrinom i plemenitošću, koje su osnovna težnja i zadatak žive duše! Primorani smo da upozorimo na ne tako redak demorališući nesklad visokoparnih reči, koje bi da deluju učeno, i niskih misli, kojima istina ne samo da nije zvezda vodilja, kao što je to nama, nego su im, naprotiv, plitka sofistika i šarlatanstvo svake vrste jedini cilj i učinak. Zar nismo i odveć često svedoci prizora kada svetli pogled saznanja mora da ponikne i ukloni se pred zverajućim, tupim pogledima koji vrebaju iz niskih, betoniranih lobanja raznih neznalica koje, međutim, ni najmanje ne sumnjaju da im ovaj svet u potpunosti pripada i u svakom smislu im stoji na raspolaganju. Nauka, koja ide za istinom i mudrošću, jer jedina i zna šta je to, ne može mirno posmatrati kako se publika zaluđuje kojekakvim besmislicama, kako joj se pažnja odvraća od onog što je bitno, kako zabluda, nakinđurena šljokicama, katkada praćena i značajnim nakašljavanjem iz mračne pozadine, ovladava javnom scenom. To je opasno, da ne govorimo koliko je nedostojno. Čak je i nezdravo. Ako autor na početku s izvesnom zabrinutošću ukazuje na ovo, on zbog toga zaslužuje ponajpre pohvalu i priznanje, i s punim pravom treba da se nada da ga oni neće mimoići.

U početku je postojala namera da se obrade sve ličnosti, kako glavne tako i sporedne, koje su se od asirskih i staroegipatskih vremena do današnjeg dana pojavile u izvorima koji čine svetsku književnost. Odluka da se njihov broj nešto suzi doneta je zbog mogućeg čitaočevog prigovora, na početku već pomenutog, da, naime, on, čitalac, nema vremena da sve to do kraja i kako valja izuči. Ako je tako, u redu, iako ne odveć voljno, izaći ćemo i tome u susret. Ograničićemo se za ovu priliku na četiri toma, od kojih svaki ponaosob predstavlja zaokrugljenu celinu, ali su i svi zajedno nova celina, od prethodnih, da tako kažemo, još zaokrugljenija; predajemo ih javnosti u nadi da izbirljivost i usredsređivanje na suštinu samo idu naruku poželjnoj svestranosti, te da, negujući lapidarnost kao nesumnjivo poželjniju od rasplinutosti, i ovako služimo najpoželjnijem cilju od svih čoveku dostupnih ciljeva, to jest istini — na prostoru, eto, redukovanom, ali s ambicijama koje stoga uopšte nisu redukovane, nego su možda čak utoliko veće. Neka ovde ne ostane nepomenuto ni to da mi znamo, i to više nego dobro, da se na pitanja oko obima i širine zahvata može gledati i drugačije. Ima, razume se, čitalaca akuratnih i savesnih, koji cene i zahtevaju pre svega iscrpnost i sveobuhvatnost. No za njih ćemo napisati drugi jedan analitičko-sinteti-

čki pregled — u 50—60 svezaka in octavo — a ovo neka bude putokaz i štivo koje će iščitavati dok to drugo, potpunije delo ne bude gotovo. Oni užurbaniji, koji nikad »nemaju vremena«, možda će se predomisliti kada budu pročitali šta ovde piše, možda će, štaviše, jedan deo svog vremena, koliko ipak uzmognu otrgnuti od drugih obaveza, posvetiti čitanju već postojećih materijala, makar i daleko manje pouzdanih od onog što im se ovde nudi, možda će, najposle, i sami poželeti ovakav, na nauci zasnovan ali obuhvatniji pregled. Uostalom, svako je slobodan da čita šta hoće i koliko hoće. Naša dobra volja je tu, a čitalac — kako mu drago.

Od takozvane stručne javnosti ne očekujemo mnogo. Naučna kritika kod nas, na žalost, nije razvijena. O dostignućima nauke gotovo da se ni ne raspravlja. Druga je stvar, naravno, sa književnom kritikom. Svi naši književni kritičari, komentatori, urednici, izvanredno su obavešteni, senzibilni, oštroumni — poslenici britkog pera i prodorne misli. Pouzdanost i samouverenost sa kojima sude ne umanjuju njihovu širokogrudost, oni su vođeni nežnom brigom i zaokupljeni usrdnim staranjem da vidici javnog mnenja ne zaostanu, ni sadržajno ni širinom, za njihovim vidicima... S takvom javnošću književnicima je lako. Uzmimo, recimo, jednog pisca kratkih priča — prosto je uživanje uživeti se u njegov položaj. On se može nadati razumevanju blagonaklone publike i nepristrasnoj, pametnoj oceni od strane ljudi posebno upućenih, koji se davanjem ocena profesionalno bave. Mi, naučnici, trudimo se možda ne manje od književnika, ali nas ne ohrabruje ni sa koje strane niko, nekom podsticaju jedva da se možemo nadati — i šta nas čeka?! Uzdamo se, zapravo, u budućnost i mlade naraštaje, verujući da istina ne zastareva, da kad-tad mora dočekati dan svog slavlja, mada ni to uzdanje nije bez gorke skepse. Hranimo se idejama napretka, prosvećenosti, istinite slobode i slobodne istine — to nam *je* sva uteha. Radimo, pa kako nam bude. U svakom slučaju, jasno nam je, kao što je i čitaocima *jasno*, da su laskanje, ulagivanje i dodvoravanje autoritativnim pojedincima i institucijama, bez obzira na sumnjivu trenutnu korist, potpuno neprihvatljivi i strani svim ljudima od pera, čime god *da* se bave i šta god da pišu: bitno je da iza teksta stoji pravo znanje i čvrst karakter, pa će on i *sam* steći duhovni autoritet. A drugo mu ništa *ni* ne treba.

Uostalom, možda je sve ovo što je unapred rečeno suvišno, ali pošto je već napisano, neka i ostane.

PREDGOVOR DRUGOM IZDANJU

Odnekud se uvrežio običaj da se predgovor drugom izdanju piše tek za drugo izdanje. Ništa ne može biti besmislenije od toga. Kada se drugo izdanje pojavi, prvo izdanje je već učinilo svoje, publika je formirala svoje mišljenje, što se jasno vidi i po tome da se sa naročitom usrdnošću oko pojedinih vidova knjige spore oni koji je nisu ni čitali, nego su samo slušali šta drugi, koji je, često, takođe nisu čitali, pričaju o njoj; knjiga, dakle, u tom trenutku već uveliko živi svojim životom, što će reći utiče na ljude, služi im kao tema za razgovor, uveseljava ih ili poučava, saopštava im istinu — a to je u slučaju ove knjige najvažnije — usmerava i pročišćava njihove nade i strahove, budi razna osećanja i destiliše ih, služi za vaspitavanje dece i utehu starcima, za suzbijanje nesanice, za prekraćivanje vremena u vozu, za preprodavanje po antikvarnicama. Drugim rečima, kada izađe drugo izdanje, stvar je u izvesnom smislu već svršena. Ako je svrha predgovora, koji računa s tim da knjiga već živi u svetu, da istakne neki poseban naglasak, da upozori čitaoca na stranputice do kojih je došlo ili može doći u razumevanju, da predupredi nesporazume, avaj, tako česte, i olakša usvajanje posebno zamršenih mesta, onda je neučtivo prema najrevnosnijima, dakle prema čitaocima prvog izdanja, koji su, kao što se samo po sebi razume, najzaslužniji što je knjiga uopšte počela da deluje, da se ta važna obaveštenja uskrate upravo njima, a da se daju čitaocima drugog izdanja, koji lepo žanju li žanju plodove kojih bez čitalaca prvog izdanja nikako ne bi ni moglo biti. Predgovor se ne upućuje onome ko na njega ima najveće pravo, a upućuje se onima čija su prava manja, da ne kažemo da su u neku ruku i problematična — kakva je to logika! Čitalac prvog izdanja mora biti apsolutno privilegovan, on je pravi drug i saborac autorov u nastojanjima da istina iz teksta krene svetom; kad je ona zbog nečeg još i nezgodna i škakljiva, što se katkad takođe desi, onda je uloga pametnog čitaoca pogotovu važna: bez pametnog čitaoca prvog izdanja pisac je usamljen i ostavljen na milost i nemilost svojim sumnjama, nesigurnostima, kolebanjima; upućen je na najuži krug strpljivih prijatelja koji su voljni da pročitaju knjigu u rukopisu, ako takvih uopšte ima i ukoliko sudbina hoće da oni trenutno nisu na putu, da nemaju nazeb, da nisu prezauzeti svojim poslovima, ophrvani brigama oko razvoda braka ili preseljenjem u nov stan, da ne obrezuju vinograd ili ne pišu sopstvenu knjigu... Čitalac prvog izdanja utire knjizi put, on pronosi glas o njoj, oduševljava se sam od sebe a ne zato što su ga na to nagovorili ili što podražava nekog prethodnika; podražavanje ove vrste manje je, razume se, naporno od svojskog zalaganja da se razazna ponuđeni smisao i da se kao takav preuzme, postajući na taj način čitaočev sopstveni sadržaj. Nije mala zasluga čitaočeva ako u tom preuzimanju iščitanog smisla i pretvaranju sebe u njegovog nosioca, a njega u svoju duhovnu zalihu, svojim oduševljenjem takvim prožimanjem uspe da obasja i druge ljude. A šta su knjige bez oduševljavanja! Više vredi jedna povoljna ocena knjige ukoliko dolazi od čitaoca čijem čitanju ne prethodi ništa drugo osim suočenja s tekstom oči u oči nego što pohvala od strane čitalaca drugog, trećeg ili petog izdanja, koji već ionako znaju šta treba da kažu. Ti čitaoci su, razume se, takođe važni i dragoceni, svaki je čitalac dobrodošao! ali oni i sami moraju biti svesni toga da su zakasnili i ne bi pogrešili ako bi se upitali gde su bili ranije, kad im je tek drugo izdanje u rukama. Ili možebiti čak peto. Poznato je da je u današnjem svetu najvažnije biti blagovremeno informisan. Ko to ne uviđa, zaostaje, i molim lepo.

U svakom slučaju, iz svega jasno proizlazi da predgovor za drugo izdanje, kao i za svako potonje, u najvećoj meri — a ako se pravo uzme, i isključivo — zaslužuje čitalac prvog izdanja, taj pionir na poslu širenja nepoznatog smisla i ustoličavanja novih, iznenađujućih vrednosti, i stoga je prvo izdanje jedino mesto na kojem predgovor za drugo izdanje ima svoje puno opravdanje. Zar se Fridrih Niče lepo poneo prema čitaocima prvog izdanja Rođenja tragedije, koje je lišio svoje samokritike, iznete u predgovoru za drugo izdanje, prisiljavajući tako savesne i uredne učenjake koji drže do zaokružene i potpune informacije da posle toliko godina kupe još jedan primerak iste knjige. Ne ide to. Uostalom, u književnosti to možda ne važi, ali književna dela po pravilu ionako nemaju predgovore koje pišu sami autori. Tamo je možda drugačije, a ovde je ovako.

A sad da pređemo na stvar.

I

Tota pulchra es, amica mea,
Et macula non est in te.
CANTICUM CANTICORUM SALOMONIS

»Souvent *je ne sais quoi* qu'on ne peut exprimer
Nous surprend, nous emporte et nous force d'aimer.«

Corneille

Das erste Moment in der Liebe ist, daß ich keine selbständige Person für mich sein will, und daß, wenn ich dies wäre, ich mich mangelhaft und unvollständig fühle. Das zweite Moment ist, daß ich mich in einer anderen Person gewinne, daß ich in ihr gelte, was sie wiederum in mir erreicht. Die Liebe ist daher der ungeheuerste Widerspruch, den der Verstand nicht lösen kann, indem es nichts Härteres gibt als diese Punktualität des Selbstbewußtseins, die negiert wird, und die ich doch als affirmativ haben soll. Die Liebe ist die Hervorbringung und die Auflösung des Widerspruchs zugleich; als die Auflösung ist sie die sittliche Einigkeit.

G. W. F. Hegel

„Но, княз, если бы вы знали, если бы вы только знали, как трудно в наш век достать денег! ... со свободною волей и с денгами, то есть с двумя предметами, отличающими каждого из нас от четвероногого! ..."

Ф. М. Достоевский

PRETHODNA NAPOMENA UZ PRVI TOM

Svet ideja se u ranijim vremenima mogao uporediti sa košnicom. Postojala je jedna matična ideja koja je određivala istinu, a šarenim poljem sveta kretali su se mnogi radnici, koji su toj ideji služili svojom istraživačkom revnošću i donosili med saznanja na jedno mesto. Obrazovani deo čovečanstva se tu onda mogao naslađivati plodovima ovako usmeravanog truda i mara. Naravno, oni koji su na ovaj način skupljali, skladištili i čuvali mnogobrojne spoznaje i sami su uživali slasti istine, a njihova delatnost bila je plaćana saobrazno matičnoj ideji. Finansiramo je ono za šta se znalo da je istina ili da ka njoj vodi. U novija vremena, međutim, u svetu su delotvorne i kao istina važe one ideje koje se na odgovarajući način finansiraju. Umesto da se, kao pre, nešto plaća manje ili više izdašno zavisno od toga da li je stvar manje ili više istinita, sada je stvar manje ili više istinita zavisno od toga sa koliko štedrosti se plaća. U takvoj situaciji, dabome, ima više ideja koje pretenduju na to da budu matične i nije retko da se one zbog toga i sukobljavaju. To, razume se, samo dodatno poskupljuje rad na njihovom naučnom formulisanju, opremanju, širenju i produbljivanju.

Da odmah kažemo: nas niko ne finansira, sve što radimo radimo isključivo iz ljubavi prema istini. To nas oslobađa izvesnih obzira i ustručavanja koji bi inače verovatno uticali na ono što imamo da kažemo. Otvoreno izjavljujemo da mi odbijamo postojanje jedne matične ideje, jer to vodi u nasilje nad obiljem životnih pojava, u sužavanje vidika i osiromašivanje pojmovnog i doživljajnog čovekovog dodira sa svetom, jednom rečju u fanatizam i skučenost. Voleli bismo, na primer, da vidimo pod koju bi se to »matičnu« ideju mogla podvesti *ljubav*, a da pri tom ne bude osakaćena u svojoj biti! Ne sumnjamo, takođe, da je neophodno postojanje mnogih »matičnih« ideja da bi se razumela takozvana ženska priroda — naše dalje izlaganje to, uostalom, jasno pokazuje. S druge strane, mi odbacujemo i svaki relativizam, duboko sumnjamo u to da se ne može izbeći skepticistička dezorijentacija, uvereni smo da se do istine može i mora dopreti, da se i u najsloženijim slučajevima — u ljubavi i inače — zna kako je i šta je bilo, pa je pitanje samo u tome na koji način do toga doći i kako to formulisati. Naravno, ako postoji stožer prema kome se usmerava naš pogled, naša misao, sve se to rešava kao samo od sebe. Doduše, nije malo ni onih koji, umesto da čitaoca vode u srž stvari, jezik koriste tako da to izaziva samo bifurkaciju čitaočeve svesti — takve nesposobnjakoviće treba suzbijati gde god je moguće. Ali, nađe se i takvih koji se uspešno odupiru teroru jedne matične ideje a odolevaju i zbrci mnogih tobože matičnih ideja-vodilja, koji ne mešaju retorička sredstva, ne narušavaju logiku i koherenciju, ne odvlače pažnju od bitnog i u stanju su da kažu pravu reč. Recimo najposle i ovo: u jednoj tački priznajemo izvesnu svoju veću naklonost prema unekoliko starinskom gledanju na stvari; ne može, naime, ljubav, odnosno ideja s kojom će se o njoj govoriti, zavisiti od novca, odnosno od načina finansiranja teorijskog rada (da nazovemo to tako). Zbrka je tu isključena, tačnije: ona *mora* biti isključena. Istina o ljubavi je određena i to određena tako da... sve to... kad se sve uzme u obzir... jednom rečju, određena je! Uostalom, evo...

ADAM NA OGRADI

Adam, prvi čovek, poticao je iz dobre porodice. Već mu je deda bio imućan i ugledan, pa nikakvo čudo što je, u hvalevrednoj težnji da svaka generacija ode bar za korak napred, omogućio i svome sinu, Adamovom ocu, da se obrazuje i zauzme lep položaj. I deda i otac bili su ljudi od slova, načitani, upućeni u mnoge oblasti koje nisu spadale u njihov poziv, a uočljiva je kod obojice bila i vedrina kakvu daje ono znanje o svetu koje se stiče neposrednim iskustvom. Vedra smirenost odlikovala je naročito oca Adamovog. Kada bi uveče, kad zahladi, izlazio u šetnju, imao je zadovoljan, gotovo blažen izraz, mada, takođe, vazda donekle setan, kao da bi hteo reći: »Gle, kako je sve ipak dobro«, no kao da u isti mah zna i nešto što nikad ne pominje, ali što upravo tako, prećutano, dodaje njegovom osmehu jednu zagonetnu crtu. Adamu se to od najranijeg doba urezalo u dušu i uvek je s nežnom zamišljenošću prizivao sebi u sećanje onaj trenutak kad u večernjoj svežini otac kreće da se nadiše vazduha i pogleda lepotu sveta. Misleći na to, i sâm bi, neopazice, počinjao da se smeši, na isti onaj način, gotovo i on s prisenkom nekog tamnog, ćutljivog znanja.

S majčine strane nasledio je Adam smernost, odmerenost, ljubav prema tišini, dugim, mirnim popodnevima, kada se pogled, podignut s knjige, usmerava nekud preko živice u daljinu, čija su onda tiha obećanja prisutna i kad se ponovo vrati pismenima s kojih je skliznuo, a koja su i sama, često, vodiči u daleka, neznana područja. Nečeg sanjarskog, dakle, bilo je u Adamu, neke sklonosti maštanju, koju prati povučenost: stvar utoliko razumljivija što je Adamovu kuću okružavao veliki, negovan vrt, pun ukrasnog šiblja, kaktusa, cveća, puzavica, šarenog žbunja i drveća, sa mnogo kojim stablom raskošne lepote donetim iz veoma udaljenih krajeva, koje, međutim, ne ostavlja ravnodušnim ni sa čisto botaničkog gledišta. Biti u takvom vrtu, milovan senkama palmi, dok se zuj bumbara i cvrkut ptica kao zlatasto i srebrnkasto tkanje provlače sluhom; hraniti se voćkama koje se na najblaži dodir, bez ikakvog trganja, same spuštaju u ruku, kao da je čekaju, i hraniti svoju dušu blagošću takvog dodira — to ne može ni podstaći ništa drugo doli povučenost.

Utisak koji je na Adama načinila Eva, kada ju je jednog popodneva prvi put video, ponajpre bi valjalo nazvati očaranošću. Ako bi se reklo »zadivljenost«, tada uz dopunu da se ova javila bez ikakve prethodne duševne pripreme, za divljenje inače neophodne, svejedno divimo li se umetničkim delima, moralnim podvizima, ideološkim vizijama ili čemu drugom.

Eva je stajala na žalu, okrenuta Adamu leđima, s rukama sklopljenim na potiljku u luk kroz koji se videlo ljeskanje mora — slika na kojoj se isticalo tamno jedro njene kose koje se u mekom pramenju rasplitalo i padalo joj niz leđa. Na sebi je imala zlatni lančić oko pojasa, vijugavo spušten niz jedno bedro, kao da je nešto duži nego što treba, ali ne toliko da bi mogao spasti; obline kukova, trbuha i zadnjice zadržavale su ga.

Posmatrajući Evu kako se proteže, Adam je osetio da mu lupa srce. Kada se ona okrenula i pogledala ga, ili pogledala barem u njegovom pravcu, što je njemu izgledalo kao da je pogledala u njega, lupanje srca se pojačalo. Progutao je pljuvačku, uzdahnuo i stegao pesnice, ne puštajući ih više. Stiskanje pesnica, međutim, ne zaustavlja žmarce, i oni su mu se doista i spuštali niz vrat i leđa dalje dole. Plavičasti sjaj Evinih beonjača, senke na njenim jagodicama, nagib ruku i vrata, ugao pod kojim ga je, ne spuštajući ruke, iz poluokreta iskosa okrznula zenicama, to jest ukoliko to ipak nije bio samo pogled u njegovom pravcu, sve to učinilo je da Adam obori glavu. Kad je ponovo uspeo da pogleda prema žalu, Eva se već bila prepustila slanim, penušavim talasićima, tako da je on samo još za tren mogao videti u vodi belasanje tela hitre plivačice.

Da li je u taj čas Adam već bio zakoračio da preskoči ogradu kraj koje je stajao, da bi krenuo za Evom, pa ga je nešto u njemu, a uostalom možda i van njega, zaustavilo, i šta bi to bilo u prvom i u drugom slučaju? Ili nije ni bio zakoračio? Teško je, posle toliko vremena, s pouzdanjem odgovoriti na to pitanje, a pogotovu je teško s odgovornošću naučnika baviti se tananim razlikovanjima, koja su, međutim, tu od odlučujućeg značaja, jer je taj trenutak uopšte od odlučujućeg značaja za čovečanstvo koje je imalo nastati. Ono što je izvan sumnje, i sada, kao što je uvek i bilo, jeste to da je Adam dugo ostao naslonjen na ogradu, potpuno odsutan. Izgledao je kao da proživljava neko brzo zrenje, možda i zrenje nekih misli kojih valja da postane svestan kasnije, u koje će bežati od onog što je upravo doživeo ili s kojima će tome upravo hrliti. Tek posle dva sata nepomičnosti krenuo je Adam nazad, nesigurnim korakom i pogružen. Ne stežući pesnice. Večernji lahor već je donosio mirise vrta, ali ni najmanji nagoveštaj onog smeška kojim je Adam tako nalikovao svome ocu ne beše primetan na njegovom licu.

Te večeri Adam se nikako nije mogao skrasiti nad svojom lektirom. Sedeo je s kažiprstom zaglavljenim sa strane u sklopljenu knjigu, kraj drveta koje je celo, do zemlje, bilo velika krošnja, i celo u cvatu. Zagledan u njegove ružičaste latice, nosio se Adam mislima i njemu samom sasvim novim. Kao da nije prvi čovek, kao da je, naprotiv, poslednji, koji, dok je još to, žuri da dođe do glavnog i poslednjeg zaključka pre nego što se preobrazi u neko novo, nepredvidljivo biće, razmišljao je Adam te večeri o svetu odsečno- -obuhvatnim duhovnim zahvatom kojim kao da unapred sabira svekoliko iskustvo i celu povest koji tek treba da dođu. Da li te misli nazvati mislima jednog botaničara, učenjaka? Ili, radije, mislima filozofa? Jesu li one bile plod popodnevnog susreta i onog samoponiranja potom ili njihova suprotnost, protivteža? »Opet je cvetalo«, govorio je sebi Adam o ružičastom drvetu, »isto kao prošle godine, i ta će se cvast bez sumnje opet vratiti, i vraćaće se, svake godine, unedogled.« — To bi još moglo spadati u nauku. Ali, razmišljanje se nije zaustavljalo na tome.

»Šta ako se sve večno vraća, ne samo uvek isto nego uvek *to* isto... nužno i neumitno... do pojedinosti... oduvek tako, i zauvek... a pri tom, naravno, nije sve stalno samo ružičasti cvet, to je očigledno i više je nego izvesno, cvetanje je mali deo života, možda najmanji, mada nije najmanje važan, dok je sve ostalo, naprotiv... I zar u tom slučaju nije jedino važno pitanje: da li je ono što činim upravo takvo da bi se *smelo* večno vraćati, sa svim pojedinostima...« — U šta ovo spada? Odakle dolazi?

Te noći Adam nije mogao iščekati kada će svanuti. Već pre zore bio je na svom mestu kraj ograde. Neispavan, ali i odveć budan, stao je kao u neki zaklon, okružen hlebnim drvetom, dvema urmama i dvema kokosovim palmama, i iz te prirodne poslastičarnice s nestrpljenjem je gledao put mora koje se tiho meškoljilo u jutarnjoj rumeni. Čekao je. Za beskrajnih sati, kako se sunce polako dizalo, brišući, najpre duboku, zatim prošaranu senku u kojoj je stajao, naučio je, prvi put, šta je pravo beznađe i neobuzdana radost, koji su se svaki čas smenjivali. »Da li se i ova strepnja i ovo čekanje smeju beskrajno vraćati?« — minulo mu je nekoliko puta kroz glavu.

Eva se pojavila tek posle jedanaest. Bilo je, u stvari, skoro pola dvanaest, vreme kada zapravo već treba ići u hladovinu, dok ne prođe najžešća jara. Da su ti vertikalni zraci u podne nezdravi, za to Eva, očigledno, nije mnogo hajala. Da li od čekanja ili od sunca, od uspomene na jučerašnji prizor ili od onog koji mu se upravo ponovo ukazao pred očima, tek Adam je, pod tim vertikalnim zracima, pored lupanja srca, koje je već upoznao, osetio u tom trenutku i nesvesticu, obnevideo je... Možda se podrhtavanje Evinih dojki u hodu pretvorilo u snažnu njegovu unutarnju drhtavicu. Eva je polako, ali s puno živosti, koračala žalom, nezainteresovano se smeškajući. Kada bi savila nogu u kolenu, koža na njemu zatezala se tako da je ono u deliću sekunde bleštalo sjajem kao samo sunce. Isto je bilo i sa ramenom po kome nije padala kosa. U hodu se nije njihala previše, bilo je to jedva primetno. Svejedno, taj je pokret raskrio Adamu jedan sasvim nov vid svemira.

Treba li uopšte reći — danas, posle svega što znamo — kako je Adamova duša u opisanom času odgovorila na ono pitanje čije je poreklo ostalo nepojamno; čija je dubina neizmerna; pitanje stoga možda nedovoljno precizno postavljeno, ali, po onome što se Adamu učinilo dok je prethodne večeri mislio o večnom vraćanju cvetanja i svega onoga što nije ružičasta cvast, u svakom slučaju nezaobilazno i temeljno? Pošto je to »pitanje« bilo sušta životna konkretnost, i »odgovor« se tu, naravno, mora razumeti kao čin, sa odgovarajućim značajem i posledicama. Taj odgovor je poznat i posledice su poznate. Adam je preskočio ogradu i, malo-pomalo, zahvaljujući tome nastao je, evo, takozvani ljudski rod.

ANTONIJE LJUBI KLEOPATRU

U času kada je Antonije, napokon, kročio na palubu Kleopatrine lađe i kada je, popuštajući, posle svega, svome nestrpljenju i skrativši ceremonijal dočeka na najmanju meru, ubrzo potom konačno stupio u kraljičinu odaju, tu svilom i krznima obloženu i ogledalima uokvirenu prostoriju, koja je zapravo cela bila jedna velika postelja što nudi beskrajne mogućnosti, s amforama afrodizijačkih mirisa po uglovima i s osam mermernih kupatila okolo — u stvari: kada je tu, još nenaviknut na polutamu, užurban, duboko dišući, spustio — najzad — svoje usne na Kleopatrine usmine, u tom času osetio je on, moćni gospodar Rima, prvi put u životu ne samo čudesno ugođena isparenja svih blagih ulja Istoka nego, zajedno s njima, i ukus postojanja. Ne, nije to bio sladak ukus, njega je s istog tog mesta već bio usrknuo Cezar, da se ne pominju svi oni anonimni likovi koji su, ne ostavljajući inače nikakvog traga u istoriji, popunjavali, već prema prilici, prazne časove Kleopatrine mladosti. Ali, iako gorak, bio je to ipak ukus *postojanja*. Kao i svaki drugi čovek, Antonije je manje-više sve što je radio radio zato ne bi li ga jednom osetio. »Jednom«, to će reći: *bar* jednom, jer to onda znači — za svagda. Svi ljudi se oko toga trude u granicama sudbine i zatečenih mogućnosti, naprežući sve snage i koristeći svako lukavstvo; uspeh u tome znači osvedočenje da se zaista živelo. Antonije je, dakle, u tom trenutku, ljubeći Kleopatru i sljubljujući se s njom, mogao sebi reći da se ipak nije uzalud trudio oko Rima. Zaobilazno, veoma zaobilazno, stigao je on, tako, tamo gde je morao, u Kleopatrin zagrljaj, i njene mirise.

Jer, pogrešno je misliti da je Antoniju pre svega bilo stalo do Rima, slave, bogatstva i vlasti. Kao što je poznato, svi putevi vode u Rim i nije potrebna nikakva posebna snaga uobrazilje da bi neki snažniji karakter usmerio svoja stremljenja ka tom mestu koje je po opštem mišljenju središte sveta. Postoji, naime, i nešto drugo osim opšteg mišljenja. Pre bi se moglo reći da se Antonije okrenuo Rimu i borbi za vlast zbog slabosti i osujećenosti. Samo ako se površno gleda, samo prividno, pridavao je on vladajućim predstavama stvaran značaj i ravnao se po njima, no, u samoj stvari, nije se nikada zavaravao da opšteusvojeno mišljenje može zameniti ono što je on sâm, kao sopstveno osećanje središta sveta, nosio u sebi. To, njegovo, središte kretalo se svetom onako kako se svetom kretala Kleopatra; izvor njene milošte bio je jedini pravi cilj Antonijev od časa kada ju je prvi put ugledao, stalno. Tada je i on bio još dosta mlad, a ona, tako reći, još devojčica u pupanju, mada i tada već njen profil i pokreti u hodu odsudno utiču na opstanak ili propast kraljevstava i carstava. To je, uostalom, sasvim logično: kraljevi i carevi, zagledani u nju, u taj njen profil ili bedra, ne mogu se neprestano zavlačiti u kolibe svojih podanika da bi videli kako žive i šta treba preduzeti, niti bez prestanka mogu misliti na to koliko će vojnika okupiti, čime ih nahraniti i kako im rane izvidati za nova osvajanja i pljačke — time se oni bave povremeno i distancirano; dejstvo tog lica, naprotiv, na njihova osećanja, misli i volju neposredno je, snažno i usmereno na najdublji sloj neodoljivih muških poriva, te nije, dakle, nikakvo čudo što ono potiskuje u pozadinu ostale podatke koje čovek na tako istaknutom položaju valja da ima na umu: želje, ćudi ili naprosto slučajne pomisli tako zavodljive, zavodljivo-prisutne žene počinju da igraju suštinsku ulogu u njihovim odlukama, koje, po prirodi stvari, pogađaju mnoge ljude. To pogotovu važi kada se imaju u vidu rokovi ograničenog ljudskog života, makar bio i carski, u kojima je ljubav moguća, strast živa. Tek sa starošću, koju Cezar, voljom sudbine, nije doživeo, postaje carevina jedino važna. Pre toga, profil milosnice važniji je od carevine, jer ono što on može proizvesti kao doživljaj, zavlačenje u podaničke kolibe ne može — a zar taj unutarnji titraj nije najvažniji onome ko sebi može da ga priušti. Naučnici se oko toga bezmalo više i ne spore.

Poželeo je Antonije Kleopatru odmah besprizivno, još prilikom prvog susreta sred gaja po kojem se ona šetala u otmeno-izazovnoj tunici boje mladog palminog lista. Ali, da li odveć krut, ili već prestar, nedovoljno lep ili nedovoljno drzak, ili sve to zajedno, tek morao se Antonije suočiti s nesvesnim, no utoliko bolnijim i uvredljivijim prezirom devojčinim, koji se ispoljavao u najtežem obliku, kao neuočavanje i nehajno nerazumevanje svih, često i previše jasnih znakova njegove žudnje. Da stvar bude gora, Kleopatra se već tada stala štedro, neštedimice davati mnogima, velikima i malima, pa samim tim, dakle, i srednjima, osrednjima, često u svakom pogledu gorim od Antonija, kako je pre svega on sâm mislio, i to je u njemu dubilo duboke, teško zalečive rane. Možda je ona to ponekad činila samo iz dosade, možda zato što bi joj se poneko učinio mio, gladak, simpatično razbarušen. Razumeo je Antonije — samo, razumevanje tu ništa ne vredi — da to do čega je njemu stalo ne može da se postigne upornošću, dokazivanjem, uverljivim razlozima, već ponajpre u lakoći i opuštenosti, za koje on, eto, kad je Kleopatra posredi, nije umeo da nađe ključ, iako je to znalo poći za rukom ponekom potpuno bezvrednom fićfiriću koji bi joj bar na tren, na pola sata, postao drag i dragan. Naravno, kada se pojavio Cezar, koji ju je osvojio svu i u svakom pogledu, nije se moglo ni pomišljati da se naknadno ipak nešto pokuša. Čak i neodređena nada je zgasla, i to ne samo zbog apsolutne moći kojom je Gaj Julije raspolagao i zahvaljujući kojoj je bio u stanju da na najgrozniji način kazni i samu pomisao na tako nešto, nego zbog potpune njene opijenosti Cezarom, što je za Antonija bilo važnije (i bolnije).

Ali stvari su u svetu nestalne i Cezara je u jedan mah nestalo sa lica zemlje. Survao se nenadano u smrt, ostavljajući za sobom sada već raskošno rascvetalu Kleopatru. Antoniju kao da se tada kroz smolastu tminu višegodišnje noći navestio daleki odblesak svitanja: počele su borbe.

On nije zauzeo Cezarovo mesto u potpunosti, postao je takozvani trijumvir. Ali, suština ionako nije u tome, zar nije na kraju krajeva sve na svetu nekako delimično, okrnjeno, uslovno? Njegov idealni deo imperije bio je jedna trećina, a to nije malo. Uostalom, njegovu merljivu moć pratio je nemerljivi autoritet borca i državnika kojim je on, bez sumnje, natkriljivao onu dvojicu. Borbe i deobe dugo su trajale, ali, na njihovom kraju našao se Antonije na vrhu.

Da će joj sada, posle toliko godina, postati drag na željeni način, u to on nije verovao. Ali, pošto je jednom već toliko volela moć, možda će... U svakom slučaju, njegovo središte sveta, ka kojem je, za razliku od Rima, vodio samo jedan put, valjalo je ponovo pokušati dosegnuti. I tako je Antonije, koji je, spolja gledano, bio samo radnik na poslovima istorije, odlučio da dođe do sebe, što mu je bilo moguće samo ako dođe do nje. Prošlost se nije mogla promeniti, ali se pre smrti mogla osvojiti budućnost koja bi značila mnogo i sama po sebi, ali bi, pored toga, onome što je bilo takođe dala drugi, nov smisao. »Još nju, nju još, nju, da svet obuhvatim celi, i nebo!«

Dok se veliki strateg Antonije peo na Kleopatrinu palubu, mislio je o ličnim stvarima, o svojoj i o Kleopatrinoj smrti. Ako je tu neko bio političar, zaokupljen opštim, pre svega finansijskim pitanjima, onda je to bila ona — on izvesno ne. Nauci je danas nemoguće da ustanovi da li je Kleopatra, očekujući Antonija među svojim oficirima na palubi, uopšte imala na umu sav onaj katran čekanja, odlaganja, uzaludnog približavanja i obilaženja, koji se za sve te godine morao nataložiti u Antonijevoj duši. Izvesno je, međutim, da su se tih godina, posle Cezarove smrti, njeni prihodi sve osetnije smanjivali. O tome nauka ima pouzdane dokumente. Naravno, ni raskoš ni moć, na koje je bila navikla, time još ni izdaleka nisu bili ugroženi. »Ali, ukoliko bi se to nastavilo...« Stoga je, rezonovala je Kleopatra, svrsishodno imati odnose s velikom Rimskom Imperijom, tačnije, s jednom njenom idealnom trećinom, utoliko pre što se ta trećina pokazuje tako zainteresovanom. Najzad, ko zna neće li upravo Antonije postati ono isto što je bio Cezar, jer za trojicu, to je Kleopatra iz svog iskustva odlično znala, trajno ne može biti mesta. Ni za dvojicu. »Kao ni mene, nije im moguće deliti ni carevinu«, s osmehom je razmišljala. »Takvi su.« — Pomalo već podlokana, zamorena, već i s ponekim veštačkim zubom, prezasićena, Kleopatra je, u onom istom trenutku u kojem je Antonije pomislio — jer ljudsko je srce takvo — da osvajanje Rima za *ovo* možda i nije bilo neophodno, doživljavala svog starog obožavaoca i novog ljubavnika isključivo kao gospodara Rima, to jest njegove jedne idealne trećine. I, dok je nemoguće sa sigurnošću reći da li su ovakve Antonijeve misli, koje su se stale zametati u mirisnoj odaji, bile laskanje sebi ili pre neka vrsta potcenjivanja sopstvenih spoljašnjih dostignuća u svetu, dotle su njene misli bile jasne. On je sada, osećajući carevinu za leđima i Kleopatrin trbuh pod rukom, bio oslobođen i spreman da nesputano, otkrivalački razmišlja o svemu što se ticalo njegovog života, uključujući i sve druge žene na njegovoj životnoj stazi, uključujući čak i sve one robinjice koje su mu celog života bile pri ruci i od kojih mnoge nisu bile nimalo ružnije od Kleopatre (birane su bile pažljivo i negovane pomno), a mlađe, vedrije, ljupkije bile su svakako... Kleopatra se, međutim, sa svoje strane vezivala za jednu jedinu ideju: kako da Antonije ukloni onu drugu dvojicu i prigrabi celu carevinu. Osećala je da ga mora najpre nagovoriti, a zatim mu u tome i pomoći, jer, ako već ni u kom slučaju nije moguće da trajno ostanu trojica, onda barem da onaj jedan bude Antonije. Za još jednog, trećeg Cezara, činilo joj se da neće imati snage. I dok je Antonije tonuo u san, Kleopatra je ljuštila nar, opipavajući njegovu delom glatku, delom rapavu koru, i pravila planove.

ŠETNJA LEDI ANE

Koraci ledi Ane jedva da remete tišinu usnule staze kraj ribnjaka u zlatastom smiraju dana. Na drugom kraju, takođe gotovo nečujno, gegucka puteljkom Ričard. Od svih časova on najviše voli trenutke sumraka, koji samo što nije počeo da se hvata; njegova duša već uživa u sivom večernjem zamračenju. Ledi Ana je u koketnoj crnini mlade udovice. Osmeh koji joj lebdi na licu (ničim nesuspregnut u potpunoj samoći) govori da je sasvim svesna svog izgleda u toj haljini. I Ričard je sav u crnom, ali to je crnina askete i ratnika, crnina grbavca. Svaku drugu boju, bar u svom slučaju, on smatra neumesnom. Plove ta dva crna plašta jedan drugom u susret, i uskoro će se sresti.

»On se«, razmišlja ledi Ana, »drži gledišta 'O ženo, ime ti je slabost', i tu je njegova osnovna slaba tačka. Ranjiv je i na drugim mestima: njegova bezobzirnost, ma koliko bila dostojna poštovanja, nije sinhronizovana s lukavošću, kojom, uostalom, samo donekle raspolaže, nije prožeta njome do kraja i kako treba. Nedovoljno je imati određene osobine, potrebno je da su one međusobno usklađene, jedna greda mora podupirati drugu ako želimo građevinu. Muška razdešenost, šta da se radi... Ali, izvesne kvalitete je ipak pokazao, ubio je onog mekušca ne trepnuvši... o, kako mi je taj čovek koga mi je škrta sudbina dala za muža razvodnjavao život, kako su me gušile njegove mlake pažnje i krute nežnosti:

nisam ga čak ni mrzela, taj njegov krotki pogled, bože moj, to se ne može ni mrzeti; neposoljena čorba od krompira i kaša za bolesnu odojčad, to je bilo to, da... Ali, sad je sve gotovo, to je takođe sudbina, pa lepo!

On misli da će me njegova drskost zaseniti kada bude kleknuo preda mnom i kada počne da mi priča o žaru svoje ljubavi ni dva dana pošto mi je ubio muža. Razmetaće se svojom ružnoćom. Tražiće mene ili smrt. To, premda je već i previše poznato, uvek deluje originalno. Da, da, on veruje da je to dovoljno da bi mi se dopao. A u stvari — nesinhronizovanost. Tačno je da mi se njegova drskost unekoliko sviđa, ali ne sama po sebi i za sebe. Misleći da će me njome zaslepiti, on gubi iz vida celinu, sâm postaje zaslepljen i, prema tome, slab. Neće ni osetiti kako se gubi u mojim mrežama, a vladajući njime, vladaću svima. Pred njim je, ipak, budućnost. Kada klekne preda me, kleknuće, tako reći, u ime svih. Celi svet, da, da... Još da nije te grbe, bože moj...«

»Ona misli«, šapuće u sebi Račard, »da zimu moga nezadovoljstva mogu ublažiti njena meka put, mirisne pletenice, cvrkutanje, milošta u kojoj će biti čak i nekoliko procenata iskrenosti... Uzda se u seksualnu glad prezaposlenog vojskovođe, u pritajenog mužjaka u državniku. Možda računa i sa nekim posebnostima mog slučaja. Hm. Oči zvezdane i mirisne pletenice!

Tačno je da mi mora postati naložnica odmah; to treba da vide i znaju svi. Biće u tome snažne simbolike. 'Šta taj radi!' — pričaće. Ako budem čekao ma i tri dana, izvući će se pogrešni zaključci o mom postupanju i mome načinu rada; i to ne samo u vezi s minulim zbivanjima nego, što je mnogo opasnije, u vezi s budućnošću. Tu gospodu ne smem ostaviti u nedoumici: oni misle da će im nešto ipak biti ostavljeno, ali, razume se, njima treba uzeti sve i sve će im i biti uzeto. U svoju nesigurnost neka budu sigurni, već sada. Njihovo shvatanje časti, pravde, narodnog dobra i svega toga ionako je zbrkano i isto toliko neodređeno koliko i usko. Hm. — Njena uloga u svemu tome nije više doli ilustrativna, ali kao takva ima svoj značaj. Da, da, ilustrativna. Ljudi vole da pričaju o takvim stvarima, naročito ako su izvedene živopisno. U tome će biti nešto morbidno i romantično — vihor strasti uskovitlaće nebo, a pre svega nebo ćudoređa, dakle izvesna zanimljivost je tu i neka se ishod oluje što više prepričava. Moram da vodim računa i o toj strani svoga *image*-a. Njihove mozgove valja hraniti raznim začinima. Omami protivnika! ko je to rekao? Uostalom, ona, sama po sebi, s tim stasom i s tim tenom, hm...«

Noć se sleže na ribnjak, izleću svici.

(U današnjoj nauci preovlađuje mišljenje da ljubav nije, niti sme biti, u službi volje za moć. Naprotiv, ljubav jeste, i treba da bude, izvor radosti i poverenja prema ljudima i svetu uopšte. Najnovija istraživanja pokazuju da je onaj ko voli zdrav i srećan, srećniji i zdraviji od drugih. Ustanovljena su naročito povoljna dejstva na jetru.

Kao što se vidi, nisu ljudi svih vremena imali povlasticu da se koriste tekovinama nauke. Sa stanovišta sadašnjosti to zvuči ohrabrujuće. Međutim, i pored toga što je ovladao mnogim tajnama i proniknuo mnoge zagonetke prirodnog i istorijskog sveta, čovek, na žalost, još uvek ne može ništa učiniti, polazeći od stečenih saznanja, kada je reč o životima koji su postali predmet povesti. Tu su stari uvidi u ljudsku prirodu za sada još neprikosnoveno na snazi.)

KAKO SE OTELO ZAUVEK OKANIO LOVA

Ne vernost, ne čak ni ljubav Dezdemonina, nego naprosto njeno prisustvo, to je bio nasušni sadržaj Otelovog života, ono *nešto* bez čega se život ne obnavlja sâm u svakom sledećem trenutku, nego se svaki sat, svaki minut, prebrođuje iznurujućom borbom sa ispražnjenim svetom, dakle sa samim sobom u praznom svetu. Da je to tako, Otelo je shvatio suviše kasno. Vrednost toga da je ona tu, da diše, da trese rukom kad hoće nešto da objasni, češlja se glave okrenute nadole, lomi se u pasu hodajući, proizvodi, prekrštajući nogu preko noge, zvuk trenjem čarapa koji u duši budi neuporedivu životnu dubinu, jednom rečju, vrednost i smisao njene prisutnosti poznao je Otelo celim svojim bićem, bolno, kada je otišla, zahvaljujući odsutnosti. Izgubivši nju, izgubio je on više od života, izgubio je ono što život čini životom.

Dezdemona je ostavila Otela i otišla s nekim, govorilo se, kapetanom, morskim vukom tako reći, i to u Pariz. Bulevari, mnogobrojne svetiljke, trgovi, golubovi, prodavnice šešira, modni saloni, bistroi... Čuvena *Bibliothèque Nationale.* Luvr. Klubovi, u kojima je sve na jednom mestu, restoran i bazen za kupanje, *dancing* i intimni separei. Šampanjac koji se toči na čaše, sa besplatnim duguljastim pecivom koje se umače u njega... Neuporedivi kroasani, sladoled od pistacija. *Pistaches.*

Glasovi koji su stigli do Otela bili su, uostalom, protivrečni. Govorkalo se da taj čovek i nije kapetan; da Dezdemona nije ni otišla u Pariz, nego u Napulj (a da onaj jeste kapetan); neki su govorili da je posredi samo novac, »naravno, zna se za šta se žene lepe«, dok su drugi isticali da je posredi strast, koja će se brzo ugasiti, kako to već ide, ali da nikakvo bogatstvo iza toga ne stoji. »Otkud more u Parizu, 'ajte molim vas, znamo mi te 'kapetane'; nego, naše su žene takve ...« Bilo je priča da je Dezdemona oduvek i bila sklona avanturama i nije nedostajalo onih koji su to, naravno, »oduvek znali«, a bilo je i takvih koji su krivili Otela, jer ju je bez sumnje zapostavljao i ništa joj u životu nije pružio, pa nije nikakvo čudo što je ona, još u punom rascvatu ... i tako dalje.

Otelo se nije mnogo trudio da sazna pravu istinu o tome gde, s kim i pod kojim tačno okolnostima je Dezdemona nestala. Činjenica da je živa stvarala je privid da se sve može popraviti, kada bi samo ponovo bila tu, svejedno kako, samo da je vidi, čuje ... dodiruje (»Ali, dodir, to je već ljubav!«); no, pošto ona nije bila tu, sve je bilo nepopravljivo, život je bio jaruga smrti kroz koju se vrlo polako korača. Gorka praznina čežnje, simulacije života u snovima, dosada, jasnoća i prozirnost s kojima su se ukazivali drugi ljudi i stvari — u tome se sastojalo Otelovo bitisanje. Tugovao je. »Da je to bar neki umetnik, pesnik ... Da je bar mlad i lep, nežan i muževan, jer njoj je potrebno i jedno i drugo ... Ovaj je možda i tetoviran ...« Ponekad je zamišljao da je i ona nesrećna, ali, suprotno nalazima nauke i mišljenjima izgrađenim na njima, nije u tome nalazio nikakvo zadovoljenje ili olakšanje, nego bi se njegova tuga stvrdnjavala u još tamniju zguru. Želeo je da, makar i bez njega, ona u toj daljini živi lepo, da bude bezazleno i lakomisleno vesela, da jede ananas sa šlagom i smeje se. Zamišljao ju je kako ide da kupuje cipele i zamišljao je njenu sreću pri tom. Priče o tome šta je, u stvari, bilo s njom zapravo jedva da su i dopirale do njega.

Godinu, možda i dve, po Dezdemoninom nestanku, počeo je Otelo da odlazi u lov. Nabavio je rasnog lovačkog kera Jaga, koji je mogao da nanjuši ono što nijedan drugi nije mogao. Taj pas se neumoljivo ustremljivao na plen, služeći se pri tom više sposobnošću da se neprimetno prikrade iz najpovoljnijeg pravca nego snagom; smisao za orijentaciju bio mu je izvanredan — bolji nego Otelov — danju kao i noću, po kiši i kad je suvo, u šumi i u polju. Nikada nije lajao niti se uopšte čuo. Voleo je čistoću i do sjaja svoje dlake držao je više nego do bilo čega drugog. Otelo nije imao nikakve potrebe da ga dresira, od prvog dana je on već sve razumeo, kao da je čitao gospodareve misli. On ih je zbilja i pogađao (da se ne kaže da ih je baš »čitao«), i Otela je to činilo zadovoljnim.

Ako se bolje pogleda, kao lovac Otelo nije bio naročito uspešan; više mu je bilo do toga da se zamori hodanjem, kako bi posle dugog marša zaspao mrtvim snom, nego do ulova, ražnjeva i paprikaša. Pri tom je, ipak, predele kojima se kretao upoznavao u mnogokojem vidu koji mu je do tada bio stran. Svakovrsno bilje, kamenje, mahovinu, blato po putevima, razvaljene seoske pojate, krajičke neba i odraz nadvitih grana u lokvama, boje sena, zemlje, plodova, sivo pramenje magle rubom čestara — sve to je on počeo da opaža na nov način. Otkrili su mu se mirisi zove, leske, šumskih jagoda. Naučio je da predviđa vremenske promene, da peče krompir u pepelu ognjišta, da razlikuje zvukove. Saznao je koja trava je dobra da se njom, kad nema vode, ugasi žeđ, sisanjem. Smislio je naročite uloške za čizme koji sprečavaju da se dobiju žuljevi. Pošto je vazda bio sam, navadio se da u hodu razgovara sa Jagom, koji je na njegove rečenice umeo da uzvrati pogledom iz kojeg je zračilo razumevanje.

Tako prolaze godine, valjaju se bezoblični oblaci nebom i tope se, bez traga. — U smiraj jednog tmurnog, jesenjeg dana, vraćao se Otelo iz lova, prazne torbe, praznog srca i ispražnjene svesti, u susret postelji; premoren, nazebao, stisnutih vilica. Šušanj, u stvari, nije ni čuo, ali je, vođen nepoznatom slutnjom, u magnovenju, najednom opalio jedan metak, i za samog Jaga iznenada. Ni minut posle toga, pojavio se Jago sa zecom u svojim besprizivnim čeljustima. Držao ga je čvrsto za vrat, daveći ga možda još živog, i položio ga Otelu pred noge. U taj mah, sevnulo je sumračnom lovcu kroz svest: »Zar me ona nikada...!? Ona me mora... Nemoguće da ona ne može...« Dok je zurio u mrtvog zeca pred sobom, osetio je kako ga zapljuskuje sjaktava mržnja prema Jagu i njegovoj ubilačkoj gubici. Ker je stajao očekujući pohvalu za dobro obavljeni zadatak, ali Otelo, umesto da ga pomiluje ili počeška iza ušiju, uperi cev prema njemu, pravo među oči. U Jagovim zenicama još nije bio stigao da se ugasi onaj pogled pun potvrđujućeg razumevanja, kada Otelo, muklo stenjući, polako spusti nišan do same njuške i stisnu oči. »Ubiću te«, procedi šapatom, »smrt...« I — diže pušku.

Posle toga nije više otišao u lov. Jaga je poklonio.

MIRANDA I KALIBAN

Miranda, čudesno devojče... Smem li priznati svom srcu, koje ionako kuca za nju, kako mi se ponekad čini da bih više voleo da mi nije kćer. Ali, šta inače!? Ja sam stablo, a ona jabuka, kakav je to odnos. Bože, zar moram da zazirem od razgovora i sa sopstvenim srcem. Ona je lepa kao jutro koje svetu kaže »da«. »Da; da« — to produženo *da*, koje je osmejak svemu što se pomalja iz noći. Obrisi sveta njoj su nepoznati, a ona mu ipak kaže »da«. Ljude ne poznaje, srce je njeno nedotaknuto, čak ni mene, oca, ona ne zna. Nisam je dovoljno ljubio dok je bila još devojčica. Vaspitavao sam je s mešavinom stroge blagosti i blage strogosti, gledajući u nju kao u divnu, nežnu kap koja plovi nebom i odslikava u sebi čarolije sveta; video sam u njoj krhku zvezdu, meka i tanana sjaja, što i mene slabi do slabosti zraka, prozirna i laka. Odrasla je u samoći, ali u mom okrilju. Moja stroga blagost bila je samo blagost, a blaga strogost opet samo blagost, zar je drugačije i moglo biti. Time je bio osvetljen svaki kutak njenog bića, i sada ja nju, rascvalu, čistu dražest, vidim i znam. Ali svoju dušu nisam upoznao. Prospero, zamisli se, ti, koji si verovao da barem ljude poznaješ dobro, da prozreo si zauvek pobude im, najčešće niske, interese, uglavnom grube, namere, pretežno nečasne. Zamisli se, ti, koji, verujući da poznaješ čarobnjačku moć, toneš u najtamniju začaranost, slatku kao sok najslađih plodova ovoga ostrva, ali čiji su doseg i posledice nepojamni, čija je dopuštenost sasvim neverovatna, čija je nedopuštenost, reci to sam sebi, sasvim izvesna. Verovao si da te privlači samo nauka. Ah, taj osmejak koji me tako raznežava da zbilja ne mogu ništa protiv njegovih dejstava. Smem li priznati svojoj utrobi da ništa i neću, kad bih i mogao. Ti koji veruješ da znaš šta je vlast, samoživost, potčinjavanje, okorelost običnih ljudi, oholost velmoža, snaga predrasuda, bezdušno grabljenje, koji, dakle, poznaješ svet u njegovom normalnom stanju, objasni sad ovo avgustovsko popodne, ovo titranje vazduha i treperenje srca u njemu — zar žega zbilja može da objasni sve. Ne objašnjavaj, prećuti i ono što si shvatio, progutaj i zaboravi. Ludi Prospero, mudriji si od drugih ljudi zacelo, i sad dolaziš, evo, dotle da si luđi od svih, premda tvoja ludost izvire iz lepote, a ne iz rugobe i nesreće, kao inače. Mirišu rogači. Usamljen si i odveć željan lepote, stari čarobnjače! Gledaj u pinije, gledaj u svetlucave talase, u penu... Naređuj svom oku umesto što hitaš i letiš za njim tamo gde više nema zakona, pravila, smirujućeg uputstva. Treperenje, ah, blagi drhtaj. Živ si, i veliki okean duše još se nadima i raste — okeanska ljubav... Koji bedem, nasip ili hrid što znači granicu okean neće potopiti! Da, radovati se, ne znajući za granice, ne hajući, to je oduvek ugrožavalo onoga ko se raduje, možda ga i raznosilo. A opet, ko je odredio granice i bedeme? Skučen mi se često čini taj, sitničava njegova mera. Treba se radovati svemu, i do kraja, uživati u svemu, do kraja. Jedro je u tebi napeto, Prospero, plovi! Plovidba u svakom slučaju ima samo jedan smer. Sve je snom svemira zaokruženo i — prebrzo — iščileće kao i on.

Udaću je! — Na ostrvu je samo Kaliban, ta nakaza koju bih radije ubio nego što bih dopustio da ga ona posmatra duže od sekund-dva jednom u tri nedelje. On ne samo da je ružan nego je i niska duša, kao i svako biće koje nema slobodu. Rob, rob i nakaza, nakaza i rob. Iscereni divljak. Kada bih ga oslobodio, bilo bi još gore. Da se razvije u stvorenje dostojno da ga Miranda gleda tri minuta svaki drugi dan, treba mu hiljadu godina. Dobro, možda samo petsto. Ali, i to je dovoljno. On bi je rado oskrnavio, ni o čem drugom i ne misli. Petsto godina bih ga polako davio krpom svaki dan kada bi samo pokušao da je dotakne. Njeno je telo hram svih milina, a njegovo brlog kojim gamiže zloba. On je pohotljiv, ali i pohota mu je zlobna, otrovna, gori je od svake životinje. Možda bi se mogao meriti jedino sa tvorom, već sa šakalom ne. Da se ta smračeno-blatnjava duša iznutra rasvetli, morao bi živeti po svome, idući za svojom prirodom, znam ja to; samo, da su blatnjavo-smračeni nagoni, koji tu prirodu čine, u najvećoj meri nepogodni za kalemljenje, i to znam. Nečovečno nasilje možda ne može služiti višoj čovečnosti, ali još manje sme čovečnost da dopusti nasilje nad sobom. Kada bi se ispoljavao slobodno, on bi, pre nego što mu um obasja kakva-takva svetlost, počinio toliko zla da se to nipošto ne sme dozvoliti. Ne može se ni pomisliti. Njegovi zločini bili bi suviše ružni i odvratni, ta ružnoća neprihvatljivija je od samog prestupa. Kakva je razlika između mene i Kalibana? Osnovna razlika je, naravno, u tome što sam ja slobodan čovek. I što vidim sebe, i znam. Spoznaj samog sebe, to Kalibanu možeš govoriti hiljadu godina, on će ipak gledati samo kako da ti zabode trn u uvo, ako samo može. Ili da te pljune, pa da se onda blesavo smeje. Čuči po ceo dan, s otvorenim ustima — on diše na usta — i ne zna se šta je gadnije, da li te oklembešene usne ili tupi pogled. Rob se ne može zagledati u sebe. Primoravam ga da radi, naravno, uglavnom teže poslove. Svoje negodovanje izražava stenjanjem, mumlanjem, psuje — nerado to slušam. Jedini lek za sve to, slobodu, u njegovom slučaju ne mogu da primenim. Naprotiv, pritegnuću ga još jače. Stroge naredbe, za njegovu divljačnu snagu, i pretnje kaznom, za njegovu pamet, to, i ništa drugo.

Izazvaću oluju, i među brodolomnicima, koje ću spasti, naći ću Mirandi muža. Naravno, kapetan. Udaću je za kapetana. Ti pomorci imaju snažne mišiće i dobre živce. To je za nju važno, lepota tela i staloženost. Ona će se sažaliti kada ga na žalu bude videla polumrtvog i poverovaće da je to ljubav. Bolje i to nego nešto drugo. Pogled će joj pasti na njegovo rame, klizić po njegovim slabinama, naslutiće toplinu tela, to je presudno. Ne sumnjam da će, nesvesno, upravo stoga što ne zna čime i kako, ona jače opčiniti morskog junaka, uteklog iz ždrela pomamnog talasa, nego što je, u sličnoj prilici, to nekada učinila Nausikaja. Mirandino čelo, kao osunčana nebesa, neuporedivo je, njen pogled blista kao letnja noć, ljupkijih pokreta od njenih nije bilo nikad, njen vrat... Možda je ipak bolje da... Ne! Mornari su hrabri ljudi, izdržljivi, požrtvovani. Onaj ko upravlja momcima prekaljenim u mnogim pustolovinama mora biti još prekaljeniji od njih, kapetan poslednji napušta brod koji tone, i tako dalje... Naviknut je da brine o mnogim stvarima u isti mah. Saživljen s kormilom, saživljen je i sa ćudljivošću mora, vetrova, dakle hirovitost takođe već zna. Imaće oštrinu pogleda, kakvu žene vole, koja se stiče od gledanja u pučinu. U stvari, oni samo zure, ne znaju oni ništa stvarno ni o kopnu ni o moru, ali svejedno, to izgleda kao »oštrina pogleda« i ume da zavara i dočara sliku prave muževnosti. Uostalom, ne može baš svako da postane kapetan. Znaće bar navigaciju, a muziku, poeziju, Platona i Vergilija, to je ona naučila već od mene. Što se toga tiče, za Mirandu je najvažnija bila muzika. Slušajući je kako svira, činilo mi se da se celo ostrvo pretvara u najumilniji zvuk, u tom snovnom blagoglasju, mislio sam, oblaci će se otvoriti i pokazati blago neviđeno. Njeno lice pri tom, ah... Nešto je u njoj što joj ja nisam mogao dati.

Čudesna je, prelepa. Ona zaslužuje skup svih savršenstava. Šta da radim ako kapetan ne bude dovoljno lep. Sve je to sam Kaliban do Kalibana. Šta ako ne bude mlad ali pri tom i zreo, vedar ali i pouzdan, čvrst ali i nežan, tvrd ali i vešt. Kapetani znaju da zađu u godine, u tom slučaju... Šta ako je suviše prevejan ili sasvim neiskusan. Ako ne ume da bude ljubazan, ako se beslovesno opija. Šta ako ima malu dušu, ako nema nimalo fantazije, ako je kolebljiv, ili je, sačuvaj Bože, knjiški moljac, koji ne izbija iz kabine u kojoj visi nad kartama, brodskim dnevnikom i zbirkama kamenja i školjki, a brodom mu upravlja prvi oficir. Da uzmem prvog oficira? Ne, ne, cela se priča ponavlja, samo na nižem nivou. Mora biti kapetan!

Ali...

FAUSTOVIH 47 000 PROČITANIH KNJIGA

»Kašljem, ah, u ovoj prašini, gušim se i dahćem, i sve mi je teže da marljivo radim, da gledam i da se, iznemogo, mičem. A toliko je zadataka preda mnom još, kao na početku.« Poguren, klecavim korakom, napušta Faust biblioteku, ulazi u svoj kabinet i seda za veliki pisaći sto. Nekoliko graški znoja curi mu niz čelo, ali on to ne primećuje. Očekuje da se pojavi mlada doktorantkinja Margareta (prezime joj je zaboravio), čija tema za disertaciju glasi »Istorija ideje đavola u evropskoj tradiciji i njeno prevladavanje u novovekovlju« — predmet bez sumnje težak, koji zahteva mnoge konsultacije. Temu su izabrali zajednički, mada je Faust na mladu naučnicu uticao posredno i neprimetno da se lati upravo tog, još neobrađenog pitanja. Ne može sve sam (ko to može!), a u njenu priljeznost i obdarenost veruje.

Prošao je zakazani čas, no nje nema. Nenaviknut da rasipa vreme, Faust je uvek mučno uzrujan kad nekoga mora da iščekuje. Sada, međutim, ne pokazuje negodovanje ni ljutnju; zamišljeno zuri u hartije pred sobom, uvlači donju usnu među zube i stiska je do bola. Skida naočare i trlja oči, onda iz fioke vadi nož za otvaranje pisama i čisti njime nokte. Zatim kucka lagano prstom mali peščani sat, koji stoji pred njim na stolu, kao da će time ubrzati lenji tok praznih trenutaka. Sadržina gornjeg sasuda odmerena je prema vremenu potrebnom da se skuva rovito jaje, ali tiho curenje tih crvenih zrnaca u stakleni blizanac dole čini se da nema kraja. Okrenuvši više puta tu (u stvari kuhinjsku) spravicu tamo-ovamo, Faust se naposletku maša za veliki, crni registar u kojem vodi katalog svih knjiga koje je ikad pročitao. Prilika je, dok čeka, da unese najnovije naslove. Poslednja dva toma koja je imao u rukama, što kod njega uvek znači da ih je temeljito proučio, treba da zavede pod brojevima 46998 i 46999. Sledeći svezak izabraće s posebnom pažnjom. U trenucima kada se dođe do nekog tako okruglog broja uvek ima i nešto posebno, tako reći svečano. Pogled i um tada se i nehotice zaustavljaju, okreću se unazad, ne samo radi pregleda i prisećanja, nego i radi pribiranja za naredne korake. Pred očima mu iskrsavaju dugi, tamni hodnici biblioteke, sa zidovima od knjiga, po kojima je on vrlo često fizički prisutan, ali koje duhom pohodi bez prestanka, danju i noću, u snu i na javi, godinama.

Još od rane mladosti trudi se Faust oko biblioteke na razne načine. Bez njegove brige to nepregledno knjigohranilište sigurno ne bi bilo takvo kakvo jeste. On se starao da nova izdanja redovno pristižu, da katalozi svih vrsta budu potpuni i uredni, da se ne zaostaje ni u starim rukopisima i inkunabulama, a osnovao je i posebno odeljenje u kojem je skupljao i čuvao pepeo sakupljen po zgarištima starih, u raznim vremenima sagorelih biblioteka, iz kojeg je, koristeći se metodom koju je sam otkrio, rekonstruisao tekst rukopisa koje je surovi plamen bio proždrao. Posebno se Faust brinuo da se prašini, toj podmukloj pošasti za svaku knjižnicu, barem ne dozvoli da pobedi ako već nije moguće poraziti je — zadatak veoma težak: u toku samo jednog pajanja raspadne se bar desetak prošivenih peruški, toliko toga ima; a opet, koji je drugi način čišćenja bolji i brži! Pa onda, miševi... Da, borba s miševima je jedan od najtežih poslova u biblioteci. Koliko truda čoveka stane samo to da makar uoči šta su sve pojeli. Često u njihovim malim čeljustima nestaju najzanimljivije stranice. Toliki duh, da bi se na kraju pretvorio u mišije salo! Ili, posrednim putem, u mačije, svejedno. Bio je Faust u svoje vreme počeo da pravi poseban katalog onih delova knjigâ koje je pojela ova cijukava družina, u svrhu obnavljanja tako nagrizenog fonda, ali je morao odustati. Vreme je ograničeno, toliki drugi zadaci čekaju. Faust se bavio svim postojećim naukama, a to je naporno. Smerao je da sam zasnuje nekoliko potpuno novih disciplina, što je takođe praćeno pomislima i premišljanjima koja prilično zamaraju. Da bi u svim tim oblastima dao odgovarajući doprinos, kakav su od njega očekivali drugi i kakav je on sam od sebe očekivao, svoju revnost morao je strogo i tačno da usmerava, makar se zbog toga odrekao i poneke drage mu i privlačne aktivnosti, čak i ako je ova vezana za knjižnicu. To je — delimično — nadoknađivao na drugi način. Upregavši se jednom u zvezdana kola nauke, lukavo je nastojao da spoji, kada je to moguće, korisno sa prijatnim, pa je tako, na primer, obešenjački uživajući, učio važnije knjige napamet i mogao je naizust da izgovori ne samo Bibliju ili Kvintilijanov spis *Institutionis oratoriae* nego i *De civitate Dei* i *Philosophiae naturalis theoria redacta ad unicam legem virium in natura existentium*, a u širim izvodima je znao i *New Theory about Light and Colour, Essais de Théodicée* ili *Farbenlehre*. U trenucima odmora i opuštanja prevodio je sa kineskog na arapski ili sa acteškog na provansalski, što je pored osveženja i zabave služilo tome da održava svoja u mladosti stečena znanja mnogih živih i mrtvih (ali u njemu i za njega takođe živih) jezika.

Faust se oduvek odlikovao izuzetnom trudoljubivošću i samopregornošću. Istrajnost u otkrivanju nepoznatog, upornost u produbljivanju poznatog, odsustvo bilo kakve samopoštede, prezir prema dangubljenju, naročito ako je to po balovima, prema suvišnom ispavljivanju ili uživanjima kao što su jedrenje, tenis, pevanje serenada, — sve to su osnovi na kojima je nastajala polihistorska zrelost ovog naučnika. Šta je posredi, to je bilo jasno već prilikom prvog njegovog većeg javnog nastupa. Pred najprobranijim umovima onog doba odbranio je on svoju doktorsku disertaciju (na 3257 stranica, ne računajući takozvanu naučnu aparaturu), i to blistavo, spojivši oštroumnost s erudicijom, odmerenost s odvažnošću, rečitost s konciznošću, zvonkost glasa s dubinom pogleda, donekle setnog, jednom rečju: jasnoću sa lepotom besede, tako da su novine tom prilikom pisale o »prazniku istine«, o »jedinstvenom duhovnom uzletu« i o »neponovljivom prizoru, kada nadmoćna učenost posramljuje neznalice, obeshrabruje prosečne i sokoli talente«.

Kasnije je Faustov ugled bez prestanka i dalje rastao, sve više, sve brže, postajao je sve neosporniji. Iako je živeo povučeno, skromno, gotovo svetački smerno, ili možda upravo zbog toga, izašao je Faust na glas, bolje reći: pronosili su se o njemu glasovi puni uvažavanja, praćenog katkad i razumevanjem, pa čak i simpatijom. Vagner, tokom više decenija Faustov asistent, počešće bi izjavljivao: »Eh, nikada neću dostići majstora, ni u čemu, ni približno.« Ili bi uzdahnuo: »Kada bih bio bar umereno genijalan, bar delimično, ako već ne mogu biti kao on«, i u tome kako je izgovarao tu reč »on« čuo bi se potmuli ton snuždenosti koja sebe prevazilazi u poštovanju drugog.

»Nema je«, mrmlja Faust. »A noćas... ali to je zbog punog meseca. Po svemu sudeći, dejstvo gravitacionih sila na likvor. U najnovijim istraživanjima, doduše, kažu da sanjati takve stvari... Thmm, to je možda donekle i zanimljivo, ali ja u te novotarije ne verujem. Čudno je samo to što sam se probudio s osećanjem, gotovo bih rekao: s mišlju, da želim večno da zadržim taj trenutak. Trčim uz neke stepenice koje vode na visok breg, nekako sam lak, veseo, poletno grabim, i na vrhu, konačno, nalazim... neobično... Najpre samo mamilla a zatim i cela areola, koje mi se stalno izmiču, ali koje naposletku uspevam da dosegnem usnama. Neobjašnjivo je odakle ona tu. Leži, zabačene glave, a ja joj šapućem užurbano i kao s nekom zebnjom da me neće razumeti: »Arteria femoralis, arteria femoralis...« I upravo u tom času — da li tu proradi vulkan koji nisam bio primetio ili je zemljotres, tek ja gubim tle pod sobom, brdo puca, i ja klizim, klizim... a ne znam kuda...«

MANON

Obojica mi dolaze unezvereni, obojica govore samo o njoj. Obojica traže novac. Samo što jedan, da bi ga dobio, donosi dragocenosti svojih predaka, drago kamenje svoje babe, bisere svoje majke, koje mu je ona bez reči stavila u ruku na samrtničkoj postelji — sam mi je to pričao; drugi dolazi sa svojim bolom i stidom, sa svojom iskidanom dušom, koju dodatno razdire otvarajući je preda mnom, i čeka da se ja sam dosetim šta ga još jednom, makar samo nakratko, može spasti. Dajem i jednom i drugom, često kovinu bola plaćam izdašnije nego safirne ogrlice, ne cenjkam se, razumem i jednog i drugog. Oni se otimaju o nju, ugađajući svakoj njenoj želji i pomisli, budeći, štaviše, u njoj prohteve koje ona sama možda ne bi ni imala kada joj jedan od njih ne bi stavljao u izgled njihovo utoljenje. Proračunavaju pokrete njene duše da bi je mogli sačekivati tamo kuda će se ona, vođena njima, uputiti, i da bi sebe učinili nezaobilaznim na tome putu. Utrkuju se u velikodušnosti, mameći je i sablažnjujući čime god mogu, i ne štede pri tom ni srce ni zlato — kad srce gruva, zveckanje lujdora se ne može čuti. Vrebaju, jurišaju, mole i prete. Ne čudim se ničemu. Boreći se za njeno prisustvo, njenu miloštu i njenu vernost — da, vernost, jer obojici je do vernosti stalo možda i više nego do same ljubavne slasti, i jedan i drugi gaje nadu u konačan preokret koji će je prikovati za srce samo jednog od njih — oni kao da otimaju od ništavila samu srž života; obasipaju je svim što ljudi mogu da pruže, jer svaki sekund pored nje pretpostavljaju celom životu, i zar samo jednom! mnogim životima u slavi, bogatstvu, dostojanstvu i vrlini; pogled koji im je dopušteno da zadrže na njenom licu više im znači nego sva obećanja ovozemaljskih i onostranih ispunjenja. Naročito onostranih. Razumem to. Priroda, katkada škrta, ali katkada kadra i da sasvim nesebično obdari čoveka i učini ga u svakom pogledu raskošnim bićem, prepustila se, kad je reč o Manon, rasipništvu do samozaborava. Manon je lepa, ali šta znači reći »lepa« u njenom slučaju: ona je čarobno nežna, krhka kao ledena iglica, zanosna u svojoj obešenjačkoj bezazlenosti, jednostavna i nepredvidljiva, obasjana, nasmešena od sreće, ona je upravo sâmo oličenje nasmešene sreće — njena draž nema mere ni prave protivvrednosti u jeziku. Nju treba videti. Ko da izbriše u sebi tu sliku kada ju je jednom ugledao! Zar je čudo što jedan meša ljubavne izraze sa teološkim, dok govori o njoj, a drugi ukršta rečnik zvezdoznanstva s rečima divljenja. Obojica uzvikuju, kao da su čuli jedan od drugog, »ti si i odveć dostojna obožavanja za jedno zemaljsko stvorenje!«, »tebe čovek ne može dovoljno voleti!«. Obojica plamte, obojica očajavaju. Jedan gazi čast, koju njegova duga loza stolećima čuva dodajući jednom plemenitom podvigu drugi, stoti i hiljaditi, jednom viteškom delu nebrojena nova, koja prevazilaze prethodna, i, zaboravljajući sve to, srećan je samo kada može da je ljubi po stopalima, po kolenima, da oseti njen dah... Drugi dere mantiju sa sebe i baca je u jarak, da bi uskliknuo kako će sve hrišćanske biskupije ovoga sveta rado žrtvovati za njen zagrljaj. Da posmatra njeno lice u svetlosti sveće kako izranja iz tmine, daće — sad već ne znam koji od njih — sva kraljevstva, sve pobedničke zastave, sva remek-dela poezije i filozofije; čak i ne mora biti sveća, koja tminu odgoni satima, dovoljna je i šibica, čiji je plamen jedva malo duži od munje. I za to će se bez premišljanja odreći gradova i zemalja, mudrosti i moći, Dekarta i Lajbnica. Kao da su se dogovorili, i jedan i drugi misle da je nepravedno i klevetnički nazivati zemlju dolinom plača kad postoji Manon i kad je moguće držati je za ruku; ali, kada ona odleprša, i jedan i drugi misle da je tim izrazom suviše malo rečeno, »dolina plača« čini im se nespretnim eufemizmom, budući da tama i smrt tada gutaju sve, a prava reč za to — drže — gotovo da se ne može naći. Tada zaboravljaju veliku radost koju je donosila svaka sitnica. Stara je to priča: iz mnoštva se izdvaja jedno lice, i od tog trenutka sve što Ona radi postaje beskrajno značajno, i najobičniji postupci puni su smisla, sve je razlog za oduševljenje. U ljubavi je to tako. Jedino što u slučaju Manon taj trenutak nastupa veoma brzo, tako reći odmah čim je čovek prvi put ugleda: ona ne postaje, nego od prvog trenutka jeste neodoljiva, a aura, jednom stvorena, ne može više biti probijena niti može izbledeti. Kada se ugasi, a to se događa ako je Manon odsutna, radovanje namah gasne, a san o njoj je potom život. Obojica znaju da ona voli i jednog i drugog, ali, skučeniji od nje i ravnije duše, obojica bi je želeli svaki samo za sebe. Naravno. Ni jedan ni drugi ne misle da je ne mogu zauvek imati, ne pomišljaju da niko nikoga ne može zauvek imati. Ni zauvek, a verovatno ni onoliko koliko traje plamičak šibice, koju ispuštamo kad počne da nam prlji prste. Sve nam se izmiče, trenutak je raščinjujući titraj, a ne punoća, nezaustavljiv i stoga ponoran, ili, možda, zaustavljiv ali onda skamenjen, mrtav. Videti Manon u svetlosti šibice kao da protivreči tome, kao da osporava spoznaju trošnosti, gubitka. Sve se čini mogućnim. Kad njeno lice iščezne u mraku, ali je ona još tu, kad u omamljujućoj nemosti ostaje dodir, sve je još dobro. No, kad ona ode, a ona odlazi, ona uvek odlazi, gubitak postaje gorko nedvosmislen, bolno izvestan, neumoljivo gorak. Vrednost tog trenutka u kojem plamičak osvetli njeno lice neizmeran je, ali upravo stoga rađa se želja da se on produži, da se stalno obnavlja i traje bez kraja; a jednom ukresana, takva želja sažiže, nasladom, tugom, ili obema u isti mah. Zašto ipak mnogo više vole i to varljivo prisustvo od potpunog odsustva, to sasvim dobro razumem, bolje no oni sami. Manon... U svemu što nije u vezi sa njom, makar posredi bile najdoličnije i najpoželjnije stvari, vitez vidi samo senku sreće, koja rđavo skriva resku nesreću sveta i zjap praznine. Redovnik, ako se on još može nazvati tako, vidi i u najbogougodnijem delu, i u najpobožnijem osećanju, samo senku nebeskog života, koja gotovo uopšte ne skriva prazninu tog ogromnog prostora koji nas užasava: ako tu nema Manon, ako se ne čuje njen glas, ne vide se njene oči, jagodice... Šta je opasnije, idolopoklonstvo ili predanost životu bez smirujućeg pogleda naviše? I jedan i drugi preziru život koji ne bi bio nadahnjivan i određen vrednostima što su im s rođenjem usađene u srce, a vaspitanjem razvijene do punog rascvata. Ali, ako do njih drže više nego do sopstvenog života to ne znači da i jednome i drugome do Manon nije stalo još mnogo više. Naslušao sam se takvih ispovesti i priznanja do mile volje. Smenjivali su se u njima svi mogući prelivi patnje, žudnje, ljubomore, povređenog ponosa i ražarene strasti, zanosa i potištenosti, reči nade pratili su uzdasi očekivane sreće, da bi zatim došle suze, mnogo suza, koje teku svud unaokolo. I sve to dok sam vadio zlatnike iz kase, odbrojavao ih, slagao i pakovao u tvrdu hartiju, meke jelenje kese ili okovane kovčežiće, kako kad. Vikali su i šaputali sve što je ikada ljubeća duša imala reći — nije ni čudo. Kad je reč o Manon, raspon mora biti veliki. Sasvim to razumem.

Razumem, mada, ako se pravo uzme, preteruju. Jeste, divna je. Deluje nezamenljivo, i meni. Ta mešavina sramežljivosti, lakomislenosti, razbludnosti, nevinosti, razmaženosti i žestine doista je jedinstvena i, što je još važnije, s one strane dobra i zla. Ona se igra i sve što čini izgleda nužno kao prirodna pojava. Nisam ja slep za to. Sve mi je to jasno. Međutim, ja nju ne posmatram pri svetlosti šibice, nego pri jačem osvetljenju. Protiv sveća nemam ništa, ali u svitanje, kada se sunce rađa, sve ima, u najmanju ruku, isto toliko zanimljiv oblik i lik, ne treba zaboravljati taj izgled stvari. Gledam i vidim, oko mi je još dobro. Kada Manon dođe s nakitom kojim je s raznih strana daruju, da ga proda, dajem joj uvek mnogo više nego što u stvari vredi. Mnogo, mnogo više. Taj višak je moje uživanje. Ona to uzima kao da ne zna da ja znam da je to mnogo više. Osmehuje se, nebeski, osmejkom sreće. To volim na njoj. Nehajno spušta kesu u torbu, ali ja vidim i mali grč njenih prstiju pri tom, laki drhtaj. I vrabac, i golub, i grana, sve je u ruci. Pošto dolazi uvek noću, pri svetlosti sveće, senke oko njenih usana deluju očaravajuće. Bewitchingly. Vino koje pijemo širi nam i uzbibava duše, podstiče sanjarske razgovore. Ona je srećna. Ali, ume da bude i zamišljena, melanholična, mrzovoljna. Doduše, zamišljenost joj ponekad lepo stoji. Jutros sam je posmatrao krišom, mislila je da još spavam i lagano se izvukla iz postelje. Stajala je gola kraj prozora, uživao sam u svetlucanju njene kože; koža joj je neuporediva — dan koji tako počinje veliki je dar.

Bez obzira na to kako će se završiti. Imala je taj izgled lepe zamišljenosti. Ali nije uvek tako. O onoj dvojici ne priča nikad, niti je ja šta pitam. Ionako moram suviše da slušam o tome. Ona možda i voli da je ne pitam ništa. Ali, što je manje reč o njima, to je češći razgovor o njenom učitelju pevanja. Ona uči pevanje. Hm. Učenje bez učitelja, to ne ide. »Kakav je on čovek?« pitam. Ona zamišljeno ćuti, ponekad se smeši, ali taj njen izraz mi nije najprijatniji. I ja ćutim. »Da li je lep?« kažem jer u jednom trenutku ne mogu da se suzržim. »Nije«, veli ona. »Je li mlad?« »Nije.« »Kakav mu je glas?« »Onako, nije loš.« Nije loš! to ona ima da izjavi o tome. »Pa u čemu je onda stvar?« — to, naravno, ne izgovaram, zadržavam tu rečenicu za sebe. Šetaju i razgovaraju. Šta on to njoj peva i kakvim je pesmama uči, na tim šetnjama. Događa se da ponekad upravo s tih »časova« dođe veoma nervozna. Tada je ne možeš naterati da progovori, odsutna je, izgleda zabrinuto, kao neko ko je upravo čuo za opasnost koja se ne može izbeći voljom i preduzimljivošću, nego nas samo srećan slučaj može izbaviti. Manon se pouzdava u srećan slučaj, ali, upravo zato što je u stanju da ljude učini toliko srećnim, naučila je da vidi i naličje sreće i neizvesnost koja je nužno prati. Manon zna da sve stalno mora da se menja. Ona zna da to donosi i bol. Promene su uvek i u svakom slučaju tu. Nije njena nestalnost razlog tome, premda oni koji je vole misle da bi sve bilo savršeno samo kada još ne bi bilo te nestalnosti. Nestalnost je upravo uzrok njene privlačnosti. Ja to znam, zato se ona pored mene oseća slobodnom... Kaže da izvesnu vrstu poljubaca dozvoljava samo meni. Da u njima uživa jedino ako to činim ja. Strogo uzev, ti iskazi nisu u punom skladu, ali zar da se u takvim stvarima bavim cepidlačenjem šta iz čega sledi, a šta ne. Uostalom, njoj se ne može verovati. Ja njoj, uglavnom ne verujem. Nije mi pre svega do istine. Zašto da bilo šta znam? O učitelju pevanja, međutim, treba, po njenom mišljenju, da saznam sve. Pri tom mi je jasno da mi uopšte ne govori ono što je bitno, da mi govori utoliko manje ukoliko mi više govori o tome. Njen glas je divan. Ali, da li baš mora da bude i »školovan«. Materijal, za koji je šteta da ostane neoplemenjen. Hm. Ceni, veli, njegovo iskustvo, smirenost i mudrost; Manon ceni mudrost — da li i to može biti. Voleo bih da jednom prisustvujem izlivima tih mudrih iskaza. Duboke životne spoznaje. Koješta, ne želim da prisustvujem bilo čemu. Ponekad je nema mesecima, ali ja znam šta je s njom. Međutim, kad je tu, i nestane samo jedno poslepodne, da bi se vratila s tim zamišljenim osmehom, s nezdravom melanholijom na licu koju joj taj tip uliva u dušu, to ne volim. Manon je ono što jeste dok je vedra, ona je sunčana priroda. Svitanje je njeno vreme. Ne suton, ne noć. Koga je još sovuljaga naučila pevanju. Uostalom, mnogo pesme tu i ne vidim, više mi to liči na neki... hm... rečitativ. Taj ludak joj, izgleda, govori o smrti. Nedopustivo. Elle est ravissante. Zašto je potrebno dodavati bilo šta. Ne znam njene snove. Možda ona nikada ništa i ne sanja. Ne pitam je o tome. Nastojim da se ni u čemu ne oseti neslobodnom pored mene. Jedino tako kretanje među nama može biti dvosmerno, od mene ka njoj, ali i od nje ka meni. Kad se susretnemo, sjajimo oboje. Ti mirisi... Možda ona zbilja to dozvoljava samo meni. Možda drugi to... Hm. Dvosmernost je stvar do koje držim. Naročito s njom. Naravno, ne mogu je imati kao što imam svoje trezore, ali kada je posmatram ujutru, dok sviće, mislim da dobijam ono što je čoveku moguće dati. Sebe dajem ne tražeći kamate, ne stavljam hipoteke ni na šta. Želim da mi vreme bude prijatelj, da mi se dâ, ne da ga »imam«. Čudno je zašto ljudi ne razlikuju čak ni najvažnije stvari... Umoran sam, ponekad sam veoma umoran od poslova i računanja. Ona na mene deluje podsticajno, beflügelnd und bezaubernd. Možda je cela stvar u tome da ona razbuđuje skrivene rezerve energije, i taj višak života koji se tako ispoljava nazivamo onda srećom. Sreća možda i nije drugo do osećanje da je postalo moguće obuhvatiti neku novu, veću celinu nego ranije: rast energije i ništa drugo. Isijavanje snage. Ljudi to često brkaju s novcem, i tako dalje... Volim je kad uzima i kad je srećna. Ne volim nesreću, ni tuđu, bez obzira na ovde ukorenjeno mišljenje o lepotama nesreće, naročito tuđe. Da li ona zaista povremeno oseća potrebu za ozbiljnim stvarima, ozbiljnim temama, za... »filozofijom«. Ljubav prema mudrosti, hm... Namerno je ne pitam ništa. Uostalom, ne verujem joj mnogo, ponekad joj uopšte ne verujem. Ali ima trenutaka kada bih želeo da joj verujem, bolje reći da znam šta je od svega istina. Zna li i ona sama to? Jeste, ponekad bih želeo da znam šta je u celom tom haosu koji nas proždire, proždire i proždire — istina.

JEDAN TRENUTAK SVANOVE LJUBAVI

Radost, ako se tako zaiskri u očima — a tek kada se, navirući poput plime iz dubina duševne materije, objavi kao vlažan, s tamnom dubinom proletnjeg neba prisan sjaj zenica, radost, u stvari, postaje zaista vidljiva, drugima pristupačna slika unutarnjeg razmaha bića, koja nije naprosto uprizorenje lepote življenja kao nečeg što postoji samo po sebi, nego je ukrštaj svega onog što je u našem doživljaju, u svim njegovim slojevima, sežući do najstarijih fosila detinjstva i do nevidljivih brazda zaboravljenih snova u nama, prisutno u svojoj ukupnosti i delatno na način isto toliko jednostavan koliko i volšeban, i uppravo tako, kao ukrštaj, predstavlja izraz najtajnijih drhtaja za koje smo verovali da su minuli i da su zauvek izgubljeni za riznicu u koju skupljamo ono što zovemo »svojim životom« — i ako, iskreći se, tako ozari lice osmejkom duge i sveobuhvatne ali već pomalo zaboravljene sreće, koja se najednom neočekivano obnovila (i to ne kao uspomena na raniju sreću, već kao neposredno osetan ukus na nepcima zapljusnutim svežim gutljajem blaženstva); ako tako oblije obraze rumenilom sa julskih bresaka, ako tako prizove sjaj uzbuđenja u sjaj smirene lepote lica (kao kad beli leptir sleti na laticu krina) da to i neku manje lepu ženu nego što je bila Svanova ljubavnica mora učiniti čarobnom, dok nju, preobražavajući je kao što svitanje budi usnule draži kipova grčkog hrama, pretvara u biće višeg reda, u gotovo nestvaran živi dokaz da i najteže, smrtonosne rane što ih nanosi velika lepota mogu biti isceljene melemom ljupkosti — ta radost čije je poreklo Svanu bilo i te kako jasno, no na koje on u taj čas nije hteo da misli, znajući — a to znanje nije bilo lišeno primesa sete! — da ogrlica od, naizmenično, crnih, sivih i belih bisera, za koju je morao prodati bezmalo trećinu svoga ogromnog imanja, uključujući i jedan mali zamak sa ribnjakom i naročito uređenim stazama za jahanje oko njega, ni u kom slučaju ne može da se meri po vrednosti sa izrazom lica njegove dragane dok je darovani nakit stavljala oko vrata, izrazom koji Svanu nije promakao, koji se, naprotiv, za sva vremena urezao u njega, kao utisak koji nema cenu ni protivtežu u bilo čemu materijalnom niti, možda, ovozemaljskom uopšte, a koji je, budući da je posredi bilo zapravo samo magnovenje, lako mogao i da mu izmakne; ta nesumnjiva radost za koju je Svan u tišini večernjeg časa, u ružičastom budoaru s tapetima nalik plamenu rascvale magnolije, mogao biti siguran da ju je samo on izazvao, on i niko drugi, jer nikog drugog nije ni moglo biti tu kada je u žudno otvorenu šaku svoje prijateljice spustio te mutno-sjajne, divno nanizane kuglice, dok je, recimo, u uređivanju tog budoara svojevremeno učestvovala čitava četa raznih majstora i umetnika u svakojakim veštinama, najprobraniji znalci, tako da su se tada i zahvalnost i radost, svejedno što se sve neprestano odvijalo pod budnim Svanovim okom, prenosile jednim delom i na njih, donekle zacelo i nehotice, izmičući njenoj, inače besprekornoj, samokontroli kada bi s večeri mišićavi radnici otišli; radost, dakle, kao i uvek kada je nekome pričinimo i kada je prava, nije ni mogla proizvesti drugačije dejstvo doli da, najjednostavnije rečeno, učini Svana srećnim čim ju je ugledao na licu te žene za koju je verovao da mu pripada, bar te večeri, potpuno. Poljubac koji je nežno spustio na nežni vrat one koja je sedela pred ogledalom tako ukrašena, i čiji je lik u tami ogledala jedino i video, kao na nekoj renesansnoj slici, koje nema u katalozima, ali je njemu, evo, pristupačna, bio je poljubac nošen srećom što spaja i miri strast i spokoj. Takva sreća je potpuna zrelost trenutka, te stoga i može da traje samo taj jedan časak u kojem se ostvaruje paradoks darivanja, koje samo prividno znači davanje, a u stvari je primanje i uzimanje, jer predstavlja dragovoljno otvaranje žudnji inače nedohvatnog bića drugog upravo za tu žudnju, pošto ni samo prihvatanje poklona nije zapravo ništa drugo do, katkad prikrivena, katkad sasvim otvoreno na darovani predmet ustremljena požuda, tako da je Svan već i ono obećanje u koje se, celim svojim telom i svim svojim pokretima, pretvarala njegova prijateljica posmatrajući bisere na svojim grudima, doživljavao kao svojevrstan vrhunac užitka i, u naročitom, povišenijem smislu, krajnjeg utoljenja, jer je, u mnogim sličnim prilikama, ne samo u tom budoaru koji je umeo da uredi sa toliko ukusa i duboke poezije, nego i na drugim mestima, u Bulonjskoj šumi, recimo, ili u operskoj loži, takođe, on miloštu koju mu je ponekad pružala (mada nije bilo retko ni to da mu je uskrati) osećao kao kostret koja mu se pripija uz dušu, što ne znači da on sâm nije strasno i nestrpljivo težio da, bolno tepereći, obavije ne samo dušu nego celo svoje biće, do poslednjeg kutka, tom kostreti, ali je, onda, ipak, uprkos tome, i upravo stoga, izmicanje slasti koju je tražio i koja je ostajala samo obećana slast moglo za njega biti posebno dragoceno, nežeženo zadovoljstvo, lakše snošljivo i manje gorko nego što su izmicanje i bol koje donosi ostvaren zagrljaj, mada je tek zahvaljujući i jednom i drugom gubitku, koji su, uza sve razlike, podjednako neizbežni, Svanu navirala slutnja u čemu je ono veliko i poput neobrađenog dragog kamena neprozirno pitanje o ljubavi, ne znajući pri tom, razume se, da li će na njega ikada dobiti izbrušen, sjajan, jasan odgovor. Svan zapravo uopšte nije znao voli li on tu ženu. Ali, znao je da je svaka radost neminovno skopčana s izvesnim troškovima. A tako isto i sreća. Može li, pitamo se, biti dobar čovek neko ko nikad ne oseća radost, ko, osim toga, nije kadar da obraduje i nekog drugog? Neko ko barem povremeno nije srećan i bar ponekad ne usrećuje one oko sebe? Teško. S tim u vezi, onda, valja reći i ovo: novac kvari čoveka — kada ga nema. To zvuči kao narodna poslovica, ali taj iskaz je, u stvari, rezultat dugotrajnih naučnih istraživanja, proverenih eksperimentima. A pouzdane naučne nalaze, o čemu svedoči i Svanov život, u najmanju ruku valja izjednačiti po vrednosti sa istinom sadržanom u narodnoj mudrosti.

II

Mihi nempe valere et vivere doctus.

Lukrecije

Bolje je biti srećan nego nesrećan. Sreća se postiže dobrodušnošću, pravilnom ishranom, ispavljivanjem, umerenošću u umnim naprezanjima.

Anonim

PRETHODNA NAPOMENA UZ DRUGI TOM

Postoje čitave kulture koje, zanete uvidom u postojanje nesreće u ljudskom životu, izgrađuju u sebi oblike, vrednosti i sadržaje pomoću kojih bi se nesreći, žalosti, patnji i osujećenosti dao neki drugi smisao od onoga koji na prvi pogled imaju, zahvaljujući kojima bi, štaviše, moglo da se pokaže kako *u suštini* to i nije tako rđavo biti nesrećan, kako je nesreća u stvari oblik sreće, preduslov za radost, uvod u *pravu* sreću i tome slično. Srodne ovima su i one težnje da se u uživanju vidi bol a u bolu *pravo* uživanje: seku te na komade, ali je na kraju i to svojevrsno sladostrašće, i to možda ono najveće — dotle će čak u svojim špekulacijama ići poneki »mislioci«. Na sve ovakve pokušaje ne vredi trošiti reči i mi ih nećemo ni trošiti. Reći ćemo samo to: istina o sreći je sreća, i tačka. Nauka je, sa svoje strane, dužna da ustanovi i saopšti šta je bilo, kako su se stvari odigrale. Mi odbacujemo sve te smicalice sa »suštinom« i sa proglašavanjem »ne-pravim« onog što je samo po sebi dobro. Mi smo za to da se ustanovi smisao pojedinih pojava i da se ovaj ne izopačava naknadnim tumačenjima samo zato da bi čovek koji to čini ispao zanimljiv i originalan. Ako je potrebno biti nesrećan da bi se bio originalan, onda smo mi protiv te »originalnosti«. Mi smo za istinu. Ali, to je već ionako jasno svakome ko je pročitao prvi svezak ovog dela. Bar se nadamo.

ODISEJEVA ODLUKA

Ostajem! Ako sam se ikad i dvoumio, sada je odluka pala. Pomišljao sam, zbilja, u ponekom trenutku predaha, posmatrajući uz vino i smokve svetlucanje pučine, kako čoveku ne samo da ne može već ni ne treba da bude dato da živi u takvoj slasti i lepoti kakve nudi Kalipso. Da je, tako reći, nedopušteno i nedolično trajno se prepustiti uživanjima koja kao da su plod neke čarolije, puki san, a ipak su sasvim stvarna i prirodna. Takva neopisana lepota, pa večna mladost, strasnost koja ne zamara, bujnost koja uzdiže umesto da pritiska, ljubavna igra od koje ti se srce neprestano smeje, da nije to samo za bogove; da nije, mišljah, to neka prevara sudbine, neka njena zamka, ako se čovek nepovratno prepusti omami što je stvaraju Kalipsino telo, njene usne...? I to upravo ja, upravo ja od svih ljudi?

Kakvo izopačeno rasuđivanje, kakva glupost! Kakva svakog prezira dostojna uplašenost! Čoveku, šta govorim! *meni* upravo to i treba, oduvek sam slutnju da to postoji nosio u sebi, kao najdublji i suštastveni zahtev svog bića. I šta?! Neka me osudi ko hoće, neka mi kažu da je to lakomisleno, neka mi sto puta kažu da je to frivolan način razmišljanja, da je nezrelo, nerazumno — šta god hoće — ja ostajem sa Kalipso. Kao da sudbina, dovodeći me ovamo, u njeno krilo i njen zagrljaj, nije već sve predvidela i uzela u obzir, kao da nije sve već uračunato, od iskustva one jezive klanice, iz koje sam se jedva nekako izvukao, pa do snova koji čak i ovde valja da me prate. Nema besmislenije i nepravednije ideje od toga da čovek *ne treba* da živi u ovakvom blaženstvu. Dato mi je da ga okusim i tvrdim da — treba. (A neka pitaju i one koji ga nisu okusili, molim, samo neka pitaju.) I ništa tu nije pokvareno večnošću, »jednoličnošću«, odsustvom ugrožavanja. Naprotiv. Tek je to dobro.

Sanjao sam noćas Penelopu. Kao, ja se vratio, a ona me gleda onim svojim mirnim, dubokim pogledom. Penelopa je, dabome, pre svega dostojanstvena žena i majka, gospodarica nad domaćinstvom i čeljadi, zlatne ruke, dobro domaće vaspitanje koje se donosi od kuće. Ona je kao neki lik iz antičke književnosti, nimalo nalik na one torokuše koje se posvuda sreću u našem kraju. Sabrana i odmerena, sa jednom (uostalom samo jednom) crtom strogosti u sebi, što mi se, u stvari, uvek sviđalo kod nje. I upravo tu crtu naročito dobro vidim i osećam prilazeći joj sad u snu. Ona se sve nekako odmiče kako se ja primičem, ali u pravcu naše zajedničke ložnice iz prvih dana braka, što mi se čini dobro i umiruje me. Odozdo, iz dvorišta, međutim, čuje se neka graja, koja postaje sve glasnija, no Penelopa kao da na to ne obraća nikakvu pažnju. Konačno stižemo do postelje i ona se pruža po njoj; ja hoću da je poljubim u onaj podeljeni oval s obe strane butina, veoma nežan i mekan, jer je oduvek potpuno bez malja, dok je ostatak uvek bio nekako grublji, zbog depilacije, ili, pak, obrastao tamnim dlakama (što je, na svoj način, takođe uzbudljivo, mada, kada pomislim kakvu kožu ima Kalipso, eh...). Ona se gungula dole, međutim, pojačava, neki brektavi glasovi kao da se primiču, i to mi smeta. Stalno očekujem da mi Penelopa to objasni, ali ona ništa ne objašnjava, ja je i ne vidim, pogled mi je prikovan za njene obnažene noge — počinjem da se ljutim zbog svega toga, i dok galama raste, ta se moja ljutnja pretvara u gnev zbog kojeg (i sa kojim) se na kraju budim. U tom času kao da sam bio zaustio da kažem: »Porodica je...«, ali, već probuđen, ne znam šta sam, u stvari, hteo reći. Pogled mi pada na Kalipso, biserozubu, srnostasu, koja mirno spava s rukom na mom ramenu, i ja se brzo smirujem. Kako je Kalipso laka, gipka, puna energije, sva od disanja, spretna, u svemu. Osim toga, prilično male pameti, što život s njom čini vedrim i jednostavnim.

Neka kaže ko šta hoće, ali ja još danas pišem Homeru: »Dragi i poštovani majstore, obaveštavam Vas da sam, posle svestranog promišljanja, neopozivo odlučio da ostanem na ovom ostrvu... itd.« Nadam se da će me starac razumeti. Kada smo poslednji put razgovarali, on je posle večere bio malo popio i sâm je sa dirljivim zanosom govorio o njoj. Slep je i može samo da je zamišlja, nikada je, dabome, nije video. Za njega, koji je ne može videti, ona je, tako, možda i lepša nego što u stvari jeste. Ali, za onog ko je vidi u stvarnosti, ona je lepša od svega što je rekao, od svega što se može reći. Ostajem s njom.

ŠTA JE HLOE ZAPISALA O DAFNISU U SVOJ DNEVNIK

Ni sami Klod Loren ne bi smislio lepši predeo od onoga u kojem je Dafnis od proleća do pozne jeseni napasao svoje stado. Kroz cvećem osuta polja vijugao je potok koji je odvodio pogled u bledožutu daljinu, obrubljenu mekim obrisima brežuljaka. Iza njih, još dalje, dizalo se visoko gorje, koje se i u izmaglici i u treperenju sunca gubilo u nebu, stapajući se s njim. Oko i duša slobodno su se kretali tim prostorom blagog obasjanja, ispresecanim šumarcima i ponekim usamljenim drvetom, a spokoj koji bi ih pri tom obuzimao nije, sa svoje strane, bio lišen živosti; čežnja i sanjarenje značili su tu pre rasanjenost oka i razbuđenost duše... Draž puna unutarnjeg zbivanja, da, jer pitomost i sklad prizorâ s kojima se čovek tu sretao poticali su od igre bezbrojnih boja, obilja oblika: bogatstva u kojem ravnoteža neba i zemlje, zasićenog sjaja i zasićenih senki, ne smeta iskričavom osećanju. Ako bi bogovi, koji inače rade na uređenju sveta i usmeravanju pojedinih sudbina, ushteli da izaberu sebi mesto za uživanje i odmor od ispoljavanja moći, ne bi mogli naći bolji kraj od ovoga. Plastovi raštrkani po bujnim livadama kao veliki zlatni kolači, staze duž živica, utihle padine, pa krave što marljivo preživaju, ptičije igre, raskoš samozadovoljnih oblaka, gordo čista plavet — doista, kakva nagrada svakome ko bi to ugledao i, obrevši se tu, napajao svoje biće ovim slikama! Priroda, kao ni ljudi, uglavnom nema neki određeni moral, a još manje neki poseban smisao za lepo. Ali, ponekad, retko, ipak se sve ugodi i bude prilagođeno po meri lepote i umilnosti, a ovde, svud dokle god je dopirao Dafnisov svet, priroda je, štaviše, pokazala sasvim izuzetan ukus. I kao što je proleće donosilo prozirne letoraste, pup, penušave bujice, tako je leto svemu davalo žarku jedrost i mir, a jesen darivala rujnim plodovima i sveopštom opojnošću, te se ne može reći šta je i kad bilo lepše.

Dafnis je imao običaj da sedi ispod hrasta čija je krošnja, vazda puna starih vetrova, stvarala u svako doba prijatan duboki hlad. Naslonjen na staru kladu, koja je tu ležala valjda oduvek, pazio je Dafnis na stado; on sam mogao je ponekad bez štete zabludeti odatle prozračnim prostranstvom, ali krave i koze nisu se nikako mogle prepustiti daljini koja mami. Njihovo kretanje bilo je, doduše, slobodno, ali nije bilo ni nenadziravano, što Dafnisa nije sprečavalo da s vremena na vreme tu ipak pomalo i odspava, s obrazom na jednoj, mahovinom obrasloj, izbočini njegove klade. Tu je on milovao i jeo svoje jabuke, tu se igrao s ježevima, slušao žubor potoka i posmatrao mrave, ili je, kao i drugi čobani, svirao u frulu. Poznavao je Dafnis i druga prijatna mesta unaokolo, ali se sa hrastom i kladom bio saživeo posebno prisno. Vraćao im se svakog dana. Dešavalo se, međutim, i to da se opruži po zemlji i upilji se u jablan koji se, s druge strane potoka, dizao u nebo, ne da se u njega nepomično useče, već njišući se kao katarka koja drži jedro nebeskog svetla. Ona je odvodila Dafnisa uvis i on bi, tako ploveći, po čitave sate umeo da zaboravi na svoje stado.

Uostalom, ne sasvim. I onda kada je izgledalo da je najodsutniji, mislio je Dafnis o onom glavnom, to jest o siru. Proizvodnja sira i kako je unaprediti, to ga je zaokupljalo snažno i trajno, pa je i briga o ovcama, kozama i kravama imala, na kraju krajeva, za svrhu da obezbedi odgovarajuće mleko za ovu delatnost. Uprkos svojoj mladosti — šta! bio je Dafnis, u stvari, još golobrado momče — znao je on mleko u dušu, poznavao je slatku mlečnu dušu sira do u najneuhvatljivije tančine, što će reći da se bio razvio u pravog majstora. Dar opažanja spajao se u njemu s moći da se usredsredi, volja za posao i tačnost naslućivanja nadoknađivali su, tamo gde je to bilo potrebno, iskustvo — jednom rečju, delo njegovih ruku ne bi se postidelo ničije trpeze. Pravio je Dafnis, naravno, i maslac, i kajmak, i pavlaku, i kiselo mleko, ali, iznad svega stajali su ipak sirevi. Oni su bili njegova velika ljubav, sve ako on sam to i ne bi nazvao tako, niti bi, možebiti, uopšte razumeo šta se time želi reći ukoliko bi čuo koga drugog da to tako naziva.

Izmišljanje novih vrsta sireva bilo je za Dafnisa od svih zadovoljstava ono najveće. Uzeo bi on kakvo sviloruno šilježe u naručje i milovao ga satima i satima, zanet razmišljanjem i nekako opušteno napregnut, napuštajući stvarni svet da bi uronio u ideju sirenja, a osmejak koji bi se javio na njegovom licu u jednom času, obično negde u smiraj dana, nagoveštavao je da će ono što je dobro zamišljeno biti, možda ne odmah ni u prvom pokušaju, ali kasnije svakako, i sprovedeno u delo tananim načinom. Mladalačka nestrpljivost nije sprečavala Dafnisa da dâ sebi vremena, da pusti da prave zamisli sazru i da se svim neophodnim pripremama potom takođe posveti dužna pažnja. Ponekad su nove ideje dolazile i u snu, pa se Dafnis budio s blaženim osećanjem postignuća, trudeći se da što bolje zapamti ono što je sanjao, a što se tako brzo izmiče pred jutarnjim utiscima. Neki od najboljih njegovih sireva dolazili su pravo iz sna.

Nešto sasvim osobito bio je, recimo, Dafnisov sir s orasima. Trebalo je prilično vremena da se najpre otkrije kako uopšte napraviti sir koji ne samo što dopušta nego, tako reći, sam upravo zahteva da bude dopunjen ovim plodom. Dafnis je vršio mnogobrojne opite, proučavao je sadržaj ispaše i njegov uticaj na mleko, ispitivao je dejstvo bojâ i osvetljenja u razna doba dana kojem su, pasući, krave i ovce izložene, tražio je pravi čas muže, pravu količinu masnoće, pravo sirište; valjalo je ustanoviti koliko sir da odleži, u čemu... Zar je svejedno kroz kakvu će se grudnjaču surutka ocediti? Ni neki umetnik ne bi se toliko trudio oko svog dela, i zašto bi, najposle, bilo preterivanje ako bi se Dafnisova veština doista i nazvala umetnošću? On je umeo lepo da svira sedeći pod svojim hrastom, bolje od drugih čobana, ali nije u tome, već je u ovom radu s mlekom njegovo biće nalazilo svoj suštinski izraz. Tu je on bio blizak sebi, ispunjen, otvoren svetu... — Kada je jednom bio zadovoljan samim sirom, kome je, da bi bio savršen, nedostajalo još jedino i upravo to da mu se dodaju orasi, Dafnis bi se dao u potragu za najzdravijim jezgrama. Dugo bi ih mirisao i strpljivo opipavao, pa bi, odabravši najbolje, obzinuo svaku od njih i grejao je dahom, sve dok joj, tim tako reći započetim a nedovršenim poljupcem, ne bi dao nešto od sebe s čim ju je mirno mogao utisnuti u meko tkivo svog proizvoda. Posle ove obrade (koju ne treba uzeti olako i pokloniti joj možda tek letimičnu pažnju), krasili su, tako, orasi, poput zlatnog pervaza, kupasti, beli grumen, i bili su koliko milina oku, toliko i obećanje nepcima. Suša slast.

Ništa lošiji nisu bili ni sirevi sa travama. Dafnis je imao istančana sva čula: odloživši frulu, za vrelih, letnjih popodneva, on je, sklopljenih očiju, čuo leptirove kako lete oko njega, uz izvesno naprezanje mogao je čak reći i na kojoj razdaljini; imao je oštro oko, bio je kadar da na stotinu metara razlikuje jednu travku od druge ili da uoči bubamaru na listu. Najosetljivije mu je, ipak, bilo čulo mirisa; vođen njime, išao je on poljem i spajao, najpre u mislima, zatim stvarno, odgovarajuće trave, koje će, priređene i pomešane sa određenim sirom, znao je to, davati čudesne ukuse. I zaista, mešavine koje je pravio bile su nezaboravne ako bi ih čovek samo jednom okusio. O hranljivosti da se i ne govori. Bilo je tu sireva u kojima je preovladavao ukus metvice, pa onih koji su odisali pre svega rutvicom, ali najbolji je, verovatno, bio onaj u koji je bila dodata naročita mešavina majorana i melise. S velikom pažnjom je Dafnis odmeravao koliko jednih i drugih listića treba staviti i kako ih treba iseckati... odluka utoliko teža što su dolazile u obzir samo sasvim male količine. Kao što svako zna, lorber se ne jede, ali je veoma važan u pripremanju hrane. Tako i ovde. Dafnis je sir u koji su melisa i majoran već stavljeni oblagao lorberovim lišćem ili ga je — to je mogućnost koju je otkrio kasnije — dimio na lorberovim grančicama. Ali, koliko listova dođe na koliko sira; za koje vreme ova travna zarica dobija na dimu najprijatniji ukus...? To je valjalo istražiti. Kada je mera jednom bila pogođena, zemlja, iz koje raste i cveta sve što imamo, kao da je tu dala najbolje svoje sokove i najlepše svoje mirise Dafnisovom siru, kao da je, posredstvom ovog mladića, svu svoju duboku dobrotu, preobraženu, unela u hranu spremljenu za ljudsku glad. Ko je to umeo da oseti, taj nije jeo naprosto sir, nego je, u vidu jestiva, dobijao od života jedan višak, koji nipošto nije nužan, niti svakome pada u deo, ali upravo zato znači pravu, neobjašnjivu i, zapravo, uvek nezasluženu sreću. A do toga je Dafnisu i bilo stalo.

Bio je Dafnis predan siru i tako što ga je jeo. Doduše, nije ga jeo kako bilo. Voleo je, recimo, da složi najpre u krug tanke režnjeve pršute na drveni tanjir, pa je po njima cedio limun i sipao maslinovo ulje, koje je utrljavao kašičicom, ređao je odozgo beličaste kriščice vrganja, ponekad i smrčka, prethodno namočene u šafranovo sirće, i to širim, oblim krajem po rubu kruga, a užim, šiljatim, prema središtu, tako da je nastajao svojevrstan cvetoliki ornament. Soli i sitnog peršuna došlo bi još na to, i opet malo limuna i kap-dve ulja. Tek onda je po svemu strugao tvrdi, žuti sir, i obed je mogao da počne. Ili je pravio palačinke od pšeničnog brašna, umućene s vodom iz izvora što ga je, kako se pričalo, nedaleko u steni udesio za sebe Pan da na njemu gasi žeđ kad se tu zatekne. Ta je voda testu davala mekotu i blagost, da se samo topilo na jeziku. Palačinke je Dafnis punio prepeličijim jajima, urmama i mladim sirom, pa ih je tako napunjene stavljao u ognjište da se zapeku i povuku malo i od pepela, a kada bi bile gotove, polivao ih je slatkim skorupom. I da se ne nabraja. Ne, nikako nije preterano reći da su sirevi bili Dafnisova ljubav; zar onaj ko nije ispunjen i vođen njome radi takve stvari i na taj način se trudi oko pojedinih životnih sadržaja!

Hloe je svoje stado čuvala u blizini Dafnisovog, i nije bilo dana da se ne sretnu. Zamišljenog istraživača pokušavala je Hloe da prene i privuče njegovu pažnju na razne načine: mahala mu je svaki put još izdaleka, čim ga ugleda, pridružujući neštedimice tu radosnu kretnju svome radosnom osmehu; pravila je venčiće od cveća, kojima se ukrašavala, naročito kada bi uplela nekoliko malih pletenica; golicala ga je popinim prasetom iza uveta, prišunjavajući mu se iza leđa; kada bi ga čula da svira, slučajno bi se našla kraj njega i priključivala se pevajući, tako da se nije znalo prati li on nju ili ona njega; ako bi udario pljusak, zvala ga je da ostavi svoje mesto pod hrastom, u koji može da udari grom, i da se, zajedno s njom, skloni u neku vrstu šatora koji je ona napravila. Izvela je to koristeći se granama bagrema koje su natkriljivale jedno udubljenje u steni, pa je Hloe preko njih razapela i likom uvezala debelu tkaninu; tu se, onda, mogao naći i zaklon od žege, a ne samo od kiše. Događalo se da pod tim »šatorom« Hloe udesi zajedničko plandovanje sa Dafnisom: počastila bi ga voćem i medenjacima, pa bi zapodevala razgovor o tome šta je ko sanjao ili kako je lepo kupati se u jazu nedaleko odatle (kupanje i plivanje bile su uopšte njene omiljene teme). Gledala je Hloe da ostavi utisak inteligentne i duhovite osobe, pazila je koje će reči upotrebiti i da li će ih pravilno naglasiti, a umela je ponekad zgodno da uplete u svoje čavrljanje i poneki stih ili čak neku od pričica koje su se u ono doba zvale mitovi. Odvlačila je Dafnisa da zajedno hvataju ptice na zamku, koje su potom, ako bi im lov pošao za rukom, opet puštali. Nastojala je da ga podseti na sebe i tako što se ne bi pojavljivala po nekoliko dana, a kada bi on potpuno preterao u ćutljivosti i nepomičnom zurenju u jablan, što se ponekad graničilo sa turobnom smrknutošću, dolazila je da ga iz prikrajka gađa šljivama ili čak jabukama, ne prevelikim, naravno, jer nije želela da ga uplaši ili mu, možebiti, razbije glavu. Nego samo da ga malo trgne i tako reći vrati na zemlju.

Pri svemu tome imala je Hloe na umu izvestan Dafnisov pogled kojim je, kako je mislila, on nju u ponekim trenucima posmatrao na način sasvim poseban. U tom pogledu osećala je ona nešto što inače ni u kojoj drugoj prilici nije osećala, dobar jedan osećaj, i sad je valjalo tačno utvrditi šta se u Dafnisu događa dok je tako gleda. Što je Hloe tome pridavala važnost, nije nikakvo čudo: pogleda ima raznih — neki od njih, u pravi čas uhvaćeni, pamte se celog života. Iz susreta očiju nastaju najveće pesme, začne se, štaviše, i pokoji filozofski spis pun najdalekosežnijih pronicanja.

Da li je Dafnis stvarno gledao Hloe na neki naročit način i, ako je nečeg naročitog možda i bilo, u kojoj je meri on sam toga bio svestan, teško je reći. Sir, i opet sir, to je sasvim pouzdano vladalo njegovim mislima, a da li je bilo još nečega, i čega, i koliko, o tome je najbolje ne izricati bilo kakve konačne tvrdnje.

U stvari, ponešto se o tome ipak može reći. Tako, na primer, kada je došao veliki prolećni praznik... eto, običaji su za tu priliku predviđali razne obrede, igre, gozbe, pa je, između ostalog, tu spadalo i ovo: mlade devojke ustajale su ranom zorom, kupale se i umivale, češljale duge kose, kitile se cvećem i odevale u tanke, bele košulje i svečane, još belje haljine, a zatim se skupljale u malu povorku i, kao neka izvidnica dana koji je upravo osvanuo, pevale, hodeći od jedne kuće do druge, o proleću, travi koja će rasti, o cveću koje dolazi i o pčelama, o medvedu koji se probudio i — što je ovde posebno značajno — o kravama i mleku. Kada bi se svi ostali žitelji seoceta okupili oko njih, deca su ih, dok bi dalje pevale, strukovima proletnje trave prskala mlekom po licu. To je i jednima i drugima pričinjavalo takvu radost da poneka devojčica koja još ne spada među one koje treba prskati, već pre u one što prskaju, ne bi odolela, nego bi se, u želji da bude, tako reći, i na jednoj i na drugoj strani, pridruživala horu, čak i ako haljina u kojoj se zatekla nije bila jako svečana, i, od silnog nestrpljenja da i ona bude poškropljena kako red nalaže, samu sebe polivala mlekom, jer joj je zdelica s njim ionako već u rukama, premda se, strogo uzevši, red tako u stvari narušavao. Naravno, sve je to praćeno smehom prisutnih, uzvicima odobravanja, ali i vedro-setnih prekora zbog ove hitnje da se stigne u dob koja će i bez toga svakako doći. Da li je ovo prskanje trebalo da obezbedi buduću sreću devojačku, zdravlje, čistotu svake vrste, ili možda nešto što se u stvari odnosilo na ovce i koze čije se mleko upravo koristilo, to se sad već više i ne zna. U svakom slučaju, kada je Dafnis ugledao Hloe s venčićima od belih, poljskih cvetića među pletenicama i s visibabama u nedrima, kako se na jutarnjem suncu smeje dok joj kapi mleka teku niz čelo i obraze, ona mu se učinila veoma lepa. Ni sam nije znao šta mu se, u stvari, toliko dopada, niti je u tom trenutku bilo šta »znao«. Imao je on već raznih iskustava s različitim osećanjima, ali sa takvim kao to tad — baš nikakvog. Radost koja je bez sumnje zračila sa njenog lica prenela se i na njega, i on ju je osećao celog tog dana, sve dok nije otišao na spavanje, pa, nekako, i posle toga, u snu. Narednih dana, sećajući se njenog smeha, dođe mu žao što joj nije prišao i probao ukus tog mleka na njenim obrazima, nosu, usnama... Trebalo je, tako je razmišljao, sopstvenim jezikom da se uveri kakvo je mleko s lica devojačkog, na praznik.

Prolaze dani, nedelje, zaokružuje se čitav mesec; Dafnis je zamišljen, svaki dan sve zamišljeniji i zamišljeniji. Kada mu Hloe stavi popino prase u uvo, on se ne ljuti, ali ništa ni ne govori. Ona ga zadeva ovako i onako, ali on samo ćuti. U njegova razmišljanja o prazniku kao da se mešaju i neke druge misli. Dolaze mu dotad sasvim nepoznate predstave u glavu, često nejasne i neodređene. Ponekad po ceo dan ne razmišlja o siru. Čak i dva.

Već na pragu leta, ne videvši Hloe jednom skoro čitavu nedelju, eto ti Dafnisa jednog žarkog popodneva u njen »šator« s velikom krbuljom najlepših šumskih jagoda. Pruža joj je, ne znajući, doduše, šta bi joj upravo rekao, ali mu se oči veselo svetlucaju, tako da je i to dovoljno. Krbulju je napravio od lipove kore i, umesto trnjem, kao što se obično, ali na brzinu, radi, zakačio ju je prodevenim drvcima i grančicama, što je, naravno, mnogo lepše (i trajnije), ali traži strpljenja i truda. Lepo mirišu i jagode i kora, Hloe zna da uživa u tome. »Mmmmm, kakva divota!«, kaže. Dok jedu, ništa ne govore, gledaju se. Kad su svršili s jagodama, Hloe najpre stavlja krbulju na stranu, sedi i gleda malo u Dafnisa, malo preda se, ali onda, posle kratke nedoumice, a i kao da ne zna šta bi sa rukama, ponovo je uzima. Njen pokret je rečit i znači da ne želi više da se odvaja od nje. Traži od svog ćutljivog druga da malo zasvira u frulu a ona će pevati. On prihvata, veoma rado.

Sutradan dolazi ona k njemu, na kladu. Pripeka je i, možda zato, ili ko zna zbog čega, Hloe nikako da se namesti i skrasi. Na njoj je prijatna haljinica od najtanjeg platna, sama paučina, kako godišnje doba i zahteva, ali svejedno, uprkos kroju koji je sasvim prikladan i udoban, Hloe nikako da nađe udoban položaj. Povlači haljetak tamo i ovamo, prekršta levu nogu preko desne i desnu preko leve, skuplja se i proteže. Zadiže kosu, zbog vrućine, pa je opet pušta da joj se prospe po leđima, leže potrbuške, klateći nogama, pa se opet opruža nauznak, s rukama pod glavom »u korpici«. Sve dok u tom meškoljenju i valjuškanju ne zakači haljinu za nešto i ova se raspara skroz duž bedara. Neočekivano za oboje, Dafnis u taj mah priđe i poljubi Hloe u butinu. Ona ništa ne govori i on je, ni sam ne zna kako i zašto, još jednom poljubi u stopalo. Posle toga, oboje sede ćutke jedno pored drugog, gledaju u zemlju. Najzad Dafnis uzme frulu i svira. Okolo zuje pčele.

I tako...

Ostali su nam delovi dnevnika koji je Hloe vodila nekako u to vreme. Dnevnik je nepotpuno sačuvan, što je, naravno, velika šteta. Koliko bi stvari na svetu bilo jasnije kada bi se barem naknadno, makar i posle nekog dugog roka, moglo zaviriti u devojačke dnevnike, koji su, inače, s razlogom skriveni od svačijeg pogleda i predstavljaju zabranjeno carstvo u najpunijem smislu te reči. Iako nepotpuno, to što je ostalo, budući u dobrom stanju, može se razumeti manje-više bez teškoća.

29. april Sanjala D. erotski, ništa određeno. Lepo je svirao dok smo sedeli na kladi. Najviše na svetu volim muziku.

2. maj Opet je pričao nešto o siru (naravno!), kao, nije prava sreća u tome da se sit naiedeš, nego sir mora nečim da te iznenadi. I još svašta. On je tako pametan, ali ništa ne shvata. Ja sve mnogo bolje razumem od njega, iako je on, možda, pametniji od mene. Kako se uzme. Muškarci su tupavi. Osim toga, on je strašno smešan, naročito kad se ljuti što ga zadirkujem da je smešan kad se ljuti.

7. maj Juče sam imala najlepšu belu haljinu, šteta što se nosi samo jednom godišnje. Gledao je bez prekida u mene.

Opet onaj pogled, kao pre... Da li on uvek može da zamisli moje lice i moj hod, kao što ja mogu njegov pogled kada me je prvi put tako gledao?

17. maj Sanjam te. Nadam se da te muči čekanje. Nadam se da ne može š da me odagnaš iz svoje glave. Nadam se da sam ti ja važnija od svega na svetu.

Veći broj lakuna.

25. juli Nema ga, ne dolazi ni pod hrast, ni...

28. juli Zar ne shvataš da ti i ja treba da napravimo nešto savršeno, nešto pravo, nešto što će biti lepše od svega — ili tako, ili ništa. Ali, kako ništa! kad smo ovde samo ti i ja, ti i ja, ti i ja... To ti treba da misliš, a ne ja. Možda on to i misli, a ni ne zna da ja to takođe mislim. Šta on misli da ja mislim?

1. avgust Noći su tako tople. Mirišu. Tople noći... on spava...

12. avgust Konačno, sinoć!! Najzad. Trudila sam se da sve to vreme stalno mislim na njega, to je važno...

Veći broj lakuna.

22. septembar Nije to još to, ali radim s njim na tome. Svi kažu da je potrebno neko vreme da ljudi jedno drugo nauče. On je tako sav... svako veče, i onda...

24. septembar Da li prava ljubav traje večno? Šta onda uopšte traje, ako ne tra-

je ljubav! Da li ćemo na ovaj način potpuno izbeći smrt? Zaokupljen je mojim nogama, to je smešno. Mada je zanimljivo.

Veći broj lakuna.

17. oktobar D. kaže da mu se prvi put u životu sir ubuđao. Zaboravio je da uradi ne znam šta. Ali, veli, može i tako da se jede. Čak je, navodno, i bolji. Ne znam kako može biti bolji ako se ubuđao. Moram i sama malo da pripazim. On previše...

Dnevnik se ovde prekida. Iz hartija koje su sačuvane jasno je, međutim, da ga je Hloe i dalje vodila. Tekst koji sledi nije, na žalost, sačuvan.

GARGANTUA SE RAZLJUTIO

Raspoloženje čija je suština zgusnuta u iskazu *lekari-ne-znaju-ništa* proželo je Gargantuu do poslednjeg delića. S upravo prispelim lekarskim nalazom hoda besno po sobi, gnev plamti u njemu; nastoji da se suzdrži, ali, i ne primećujući, lomi pesnicama na šta naiđe. Vazu s belim ružama smrvio je u sitne komadiće, bezmalo porcelanski prašak, a nežni cvetovi vuku se po podu.

»Dijeta!«, urla u sebi Gargantua, »oni meni *prepisuju* dijetu! Čega bi drugog te usahle nakaze i mogle da se dosete! Pancreatitis chronica. Calculus cholecystae. Budale! Ulcus bulbi duodeni. I oni da nešto znaju o ljudskom organizmu! Bernari! Ako nauka postoji zato da bi čovek gladovao, vukao se duž jaraka kao nemoćno pile i bedno zakovrnuo od iznemoglosti; ako medicina znači provoditi život u slabunjavosti; ako prezire Bahusa, umesto da mu se klanja, onda je bolje neznanje i varvarstvo. Živi tako što nećeš živeti, to ti je njihova teorija. A, ne, ja ostajem veran zemlji i zemaljskim plodovima. Šta oni misle?! To je bezočnost, drska glupost, nasrtljiva ništavnost! Dijeta! Hoće da mi smanje potenciju! Zlikovci. Ješću kao što sam i dosad jeo. Samo još masnije i zabiberenije. Jeste, za-bi-be-re-ni-je! Za--naj-kvir-ci-sa-ni-je! Šta oni znaju o suvim šljivama umotanim u slaninu, na gaskonjski način — avec des escargots flambés. Bednici! Kupusom spasavaju. Nisam ja zec da se hranim kupusom. Ni zec, kad jede samo kupus, nema dobar ukus. Potrebne su mu divlje trave da bi bio sočniji. Hoće da mi pokvare renesansni doživljaj sveta. Dijeta! To su ti podmukli sorbonaši kojima je duša u nosu, ali koji svejedno hoće da vladaju — podriju te, izgladne ti telo, duša omlitavi, volju više nemaš, i onda oni caruju. Njihovo je geslo: 'Čovek ne može ništa!' Isplakani, metiljavi, gnjecavi, ali zato oholi do ludila, hteli bi svet po svojoj sorbonskoj meri, pa da onda niko ne radi ono što mu se radi, nego ono što mu oni 'prepišu'. Znamo mi to. Post, to njihova posna pamet jedino i može da smisli. Ako sam već napravio jednu grešku, da ih zbog ono malo tištanja i žgaravice bilo šta pitam, to ne znači da ću napraviti i drugu i da ću se obazirati na njihovo trabunjanje. Ne uobražavajte, depigmentirana, smežurana gospodo, da ste postigli bilo šta. Za razliku od vas, ja mislim da čovek može sve. Milina je živeti! Svet je gozba, niste još imali prilike da to zapazite, ha?! Ja nisam glista, gospodo bakalari, nisam ni bakalar... Ne, ne, prevarili ste se u meni. Vaš nalaz ću upotrebiti kada prvi put budem morao da olakšam stomak, koji ću odmah zatim ponovo napuniti, i te kako. Ako je i od sorbonaša, mnogo je. Šta kaže, 'jedi voće'! Jedem ja i voće, gospodo, hranim mladu momu noću grožđem, i dinjom, ja nju a ona mene. Dinja u konjaku, šta vi o tome znate, veleučena gospodo isposnici? Jednom rukom je hranim a drugom milujem, ja nju a ona mene, toga nema u vašim 'receptima'?! Lukava ste vi bratija. Bar da ste zmije, nego gušteri, spečeni gušteri. Dijeta, je li?! Dijeta!!«

Lepo izrezbarena kutija od ružinog drveta, u kojoj se čuvaju lule i pribor za pušenje, leži u komadićima pod Gargantuinim nogama. »Pokazaću ja njima«, riče u sebi Gargantua.

FALSTAF KAO VASPITAČ

Sedi Falstaf u krčmi »Kod Arijela« i jede krofne s nadevom od džigerice i komadića slanine, žestok zalogaj, pecivo koje je, međutim, ipak nekako lagano i vazdušasto — veoma okrepljujuća hrana. Specijalitet kuće.

»Kada je kralj«, razmišlja Falstaf, »pomislio — uostalom ne bez razloga — da će mu sin završiti kao šonja i možda čak peder, i kad mi je dao mig da ga uzmem malo pod svoje, nisam gajio velike nade, iako sam, naravna stvar, poslušao i latio se nezahvalnog posla vaspitača. Na to me je, najposle, obavezivao i moj plemićki status, a i sredstva koja su, posredno, bila dodeljena za odgovarajuće troškove morala su biti uzeta u obzir, svakako; zlatnici ne padaju s neba, već iz kraljevske riznice, a ona je najčešće nedohvatnija od oblakâ...

Prevelikih očekivanja nije bilo, ali, ipak, da ću postići tako malo, too... On se još i sad mesečarski zaljubljuje. Juče sam ga zatekao kako uzdiše kraj kladenca. Blagog on pojma nema šta je dobro, i najbolje, i pored svega što je sa mnom video i doživeo. Dobro, razumem da on neke vrhunske stvari, već i zbog svog položaja i porekla, ne može da shvati i upije. Na primer ono kad ja uletim kod Meri u kuhinju, dok pere sudove, i zgrabim je, prvo ispod rebara, u pregibu slabina, gde je čvrsta, ali se nekako i lomi i uvija u mojim šakama, onda za guzove, za butine, grizem je za uši i vrat, ona čiči, smeje se, naravna stvar, poliva me onom prljavom vodom po nogama i nabija mi laktove u stomak, otima se i urla, sve dok je ne oborim na pod — iz ognjišta se oseća nagorela ljuska od pečenog krompira — Meri diše kao meh, grize, čupa me za bradu... pošto sam predebeo, namestim prvo nju gore, naravna stvar, pa je tek drugi put pritisnem odozgo dok se ne uguši od moje težine i uživanja. Takvo veselo zbivanje u kuhinji Hale ne može razumeti, to mi je jasno. Ali, da će baš ovakve greške da pravi, posle toliko vremena, ne bih verovao, ne bih, ni kraj sveg urođenog mi skepticizma, verovao, i, tako reći, ni sad ne verujem... Dobro, ta Glorija zbilja ima anđeoski, kako da kažem, lik, vlasi u snopu sunčevih zrakova i sve to, dok sam bio mlađi i sâm sam se tu i tamo bavio ponekim takvim anđelkom — prozirne šake, ružičasti dlanovi, prstići, naravno, drhtaj malih dojki, u tom smislu... Neka bude i sviranje u lautu, dobro, nemam ništa protiv, muzika... Naravna stvar... Ali, ne može sve ostati na tome. Pisamca. Specijalne male koverte. Sedenje pod prozorom. Frmpf.«

Luta Falstaf pogledom po jelovniku i koleba se da li da uzme za ručak špikovanog zeca ili ćurku punjenu kestenjem, u sosu. »Mogla bi ćurka, ali preliv ovde nikad dobro ne začine, uvek dođe nekako anemičan, daa... nego, da uzmem ja ipak zeca, pa sa krompirom. Važno je da izgnječe odozgo dovoljno belog luka, da krompir upije, onda malo peršuna i to... Važniji je ukus od količine, pa posle mogu i da dopunim pohovanim sirom — to služe s džemom od ribizli... kad se uzme u obzir još i švedska pita...« Pri tom Falstaf sliva iz drvenog pehara u grlo pivo koje se peni i klokoće, briše se širokim potezom oko usta, pa podriguje s dostojanstvenim izrazom lica i uzdiše. U tom uzdahu čujni su i zadovoljstvo i briga. »Hale, da. I šta će na kraju biti?! Biće to da Njegovo Veličanstvo neće biti zadovoljno, a da ni moj prinčevski pitomac neće biti zadovoljan. On će nositi ranu u srcu celog života, stalno će pokušavati ono što ne može i kod one kod koje *on to* ne može postići: naravna stvar, kada se ne sluša stari Falstaf; a kralj, ovamo, očekuje da dobije naslednika koji će se boriti, osvajati, gaziti oko sebe. Ono, doduše, Hale će možda i gaziti, ali gde ne treba i kako ne treba, čovek nezadovoljen u duši upravo i ne ume da gazi svoje bližnje onako kako treba. Kralj očekuje vojskovođu koji će proneti slavu kraljevine svetom, a dobija viteza koji pronosi Glorijin lik senovitim stazama. Šta da se radi.

Šutnuće me obojica. I daj bože da mi se ne desi i nešto gore od toga. Ono, kad se bolje razmisli, nezahvalnost vlastodržaca je prirodna stvar i, po svemu sudeći, neizbežna. Ali, zar je čoveku lakše zbog toga? Tako je sve nekako još... Tja. S tim, ipak, svakako valja računati. Odgurnu te kao oglodanu kosku. Tako je to. Čemu pristojan čovek i da se nada u svetu. Urođeni skepticizam me je spasao od ponečeg, ali da li će me spasti od posledica neshvaćene pedagogije, to...«

»Uostalom«, zaključuje pomirljivo Falstaf, »najvažnije je, kao što se u narodu kaže, da smo mi živi i zdravi, pa sad, drugo kako ispadne.« I guta, polako, još jedan pehar piva, naiskap.

SANČO UPRAVO RUČA

Upada Don Kihot u Sančovu sobicu, baš nekako u vreme ručka, a Sančo, naravno, jede — taj bi jeo i kad nije gladan, i kad nije vreme ručku, takav je; žrtva veštačkih potreba. »Izgubljen za svoje prave mogućnosti, tupavi žderonja!« — nervira se Don Kihot. I to ne prvi put. Odavno već Sančo njemu ide na živce svojom trezvenošću, sitnom srećom, onim što su mu nametnuli kao lep život, ljuti ga njegova siva nepomućenost, njegovo besmisleno plutanje na talasićima vremena. »Kad je taj preispitao smisao svog života i one celine u kojoj se ovaj odvija?!« gnevi se Don Kihot, »u njemu nema ni trunke zahteva za nemogućim, satana ga je uzeo pod svoje. Đavo sitosti i udobnosti! Taj je od prodavnice hrane napravio svetinju, naivčina glupa, prevarena i neslobodna. Treba spaliti sve te prodavnice — da se trgne! Da se pobuni, usavrši, da počne da menja sve oko sebe! Od pečenja i piva ne vidi Carstvo, Budućnost, Pravu Slobodu. Trebalo bi već jednom stati na put toj njegovoj površnosti i neumu!« — »Krećemo!«, viče na Sanča.

»Čekaj, vidiš da ručam«, kaže Sančo. Žvaće i misli kako nije baš pametno jurišati na skladišta mrsa i povrća, jer će još uvek ostati tolike obične ostave po kućama, krčme, pekare i — konačno — obična pijaca, prodavci semenja, maslina i kuvanog kukuruza. Sve ne možeš porušiti, ove s kuvanim kukuruzima ne možeš poubijati. Osim toga, žao mu je da ruši; zna: kad dođu gladne godine, onda Don Kihota pozovu u bogatu Kataloniju da drži predavanja, štampaju mu knjige, hvale ga sa njegovog velikog uma (»a to je njemu i najvažnije«, misli Sančo) i još ga žale što ne mogu više da mu pomognu. A on, Sančo, kako se snađe. Može on i sam da ode u bogatu Kataloniju, pa da radi od jutra do mraka, a uveče opet malo pečenja i pivo. On je i tako zadovoljan, samo, u Manči mu sve nekako bolje prija. »Još pre toliko vekova spojeni smo nas dvojica«, misli Sančo, »ali više ne vredi, nismo jedan za drugog. Njega zanimaju viteštvo i ideali, a kad mene zbog toga prebijaju, nigde ga nema. Ne interesuje ga. Sve je o tome već u knjizi napisano.« Don Kihot nestrpljivo stoji u vratima, Sančo ruča.

Oduvek, još od knjige, Sančo misli da Don Kihot od nečega boluje, ali bolest ne ume tačno da odredi. Otkud bi jedan Sančo i mogao znati kako se taj poremećaj zove. Ali, da mu je skladišta hrane žao, to on, onako trezven i realističan, za nemoguće uglavnom nezainteresovan, oseća nedvosmisleno. Kao i druga radena mu sabraća, oduvek je više voleo išta nego ništa. Naprosto je takav. U knjigu kao takav ušao. A knjige sam ne piše, predavanja po katalonskom ukusu ne ume da drži.
— »Izvoli, založi se«, kaže Don Kihotu, vaspitan u duhu narodne gostoljubivosti.

PISMO O DON ŽUANOVOJ MIRIŠLJAVOSTI

Podnevni zraci probijaju se kroz zastore na oknima odaje u kojoj se budi dona Izabela. Pridižući se u postelji, ona poziva svog mladog i snažnog slugu divovskog rasta, s ramenima i mišicama kao od kamena, koji bdi nad njenim snom a, ako je potrebno, i uljuljkuje je u san kad ona to zaželi. On donosi zlatni pehar sa sokom od pomorandže a na posebnom poslužavniku pismo koje dona Izabela očekuje već nekoliko dana.

»Srca užarenog od zahvalnosti, najponiznije se preporučujem neuporedivoj velikodušnosti Vaše Milosti. Odgovarajući na pismo kojim me je udostojila Vaša Milost a koje mi je jutros uručio sluga Vaše Milosti, najdublja blagodarnost navodi me da najpre istaknem kako ću zlatnike koje je Vaša Milost blagoizvolela priložiti uz pismo popiti u zdravlje Vaše Milosti, bez prestanka se pri tom Bogu moleći da štedro obaspe Vašu Milost svakom srećom, nebeskim i zemaljskim miljem, lepotom i radošću. Sasvim se podrazumeva da bih ja podatke o mome gospodaru Don Žuanu, koje samo ja na svetu znam i koji nikom drugom osim meni nisu pristupačni, a koje mi je Vaša Milost izvolela zatražiti, dao Vašoj Milosti i bez ove carske napojnice. Za sve pojedinosti koje bi ubuduće mogle zanimati Vašu Milost stojim najpokornije Vašoj Milosti na raspolaganju, makar željena obaveštenja morao čupati iz najtajnijih kutaka svog pamćenja ili ih morao izvući iz zakovanih i olovom zakletve zalivenih kovčega svoje duše.

Ako sam dobro razumeo prve redove iz pisma Vaše Milosti, dopuštam sebi pretpostavku, ne neosnovanu i neproverenu, da između redova podrazumevanu sposobnost moga gospodara, na koju Vaša Milost misli, treba oceniti između 12 i 15 puta na noć. U svrhu održavanja pomenute sposobnosti, moj gospodar uzima, pored ostalog, naročiti prašak od tucanog roga životinje koja se zove nosorog. Tu životinju Bog je u svojoj premudrosti stvorio da živi u prekomorskim, divljim zemljama, stvorio, rekao bih, sa mnogim, ljudskom umu, kao što su i inače, nedokučivim razlozima, među kojima je mogućnost spravljanja i upotrebe rečenog praška jedan od najtajanstvenijih.

Što se sjaja očiju moga gospodara tiče, dopuštam sebi slobodu da pažnju Vaše Milosti usmerim na skupocenu egipatsku pomadu, čije pribavljanje stvara velike teškoće, kojom moj gospodar maže svoje očne kapke, da bi potom odmarao oči pod plavim krpicama u obliku položenog broja osam, pomažući tako, verovatno i simboličkom snagom ovog broja, ali pre svega ljudskim sredstvima i veštinom, onome čime ga je darovala priroda. Uzgred budi rečeno, priroda je obdarila moga gospodara i bujnom kosom, čije sede vlasi on nadmoćno uskraćuje pogledu uz pomoć boje spravljene od kestena, belog luka i rotkvica.

Pravi razlozi neodoljivosti moga gospodara, međutim, na drugoj su strani. On je veoma čist i mirišljav. Ali, ako ima nešto čistije i mirišljavije od njegovog tela, to je njegovo rublje, i ako Vaša Milost dopušta da iznesem svoj sud, onda se usuđujem reći da je cela tajna u tome. Koliko to žene očarava i u kojoj meri ih privlači, teško je opisati, ali to ovde svakako nije ni potrebno jer će Vaša Milost, kao najizvrsnija među najsvetlijim predstavnicama lepšeg i uzvišenijeg dela ljudskog roda, i bez objašnjenja sve razumeti.

Moj gospodar Don Žuan menja rublje svaki put kada se obrije, dakle tri do četiri puta dnevno. Sve njegovo rublje je od danskog platna, konac kojim je šiveno je kineski, čipke su flamanske a dugmad iz britanskih kovnica. Mirišljava ulja kojim je prskano dolaze sa raznih strana, ali najviše iz Persije. Samo su svitnjaci, to jest učkuri, ako Vaša Milost dopušta taj izraz, načinjeni pod našim sredozemnim podnebljem. Pranje se obavlja pod mojim nadzorom — to je jedan od najvažnijih zadataka koji mi je poveren — u izvorskoj vodi, zapravo u mešavini vodâ sa tri izvora: »Usnula devica« u Švarcvaldu, »Suze belih bregova« u švajcarskim Alpima i jedan bezimeni, ali stoga ne manje značajan, u češkim Tatrama. Ta se voda doprema u velikim buradima, koja putuju svuda za nama; meša se po jedna trećina sa svakog izvora, pošto je upravo to srazmera koja je, s obzirom na tvrdinu vode i različit sastav mineralnih sastojaka, pogodna za ovu svrhu. Sapun za pranje se spravlja u Lisabonu od veveričijih žlezda, kokosovih ulja i kamiljeg mleka. Najvažnije od svega je ipak platno — dansko — jer se, naime, ispostavilo i ispostavlja da severne žene koje ga tkaju nisu tako hladne kao što se misli: sedeći za razbojem, one unose svoje misli i sanjarije u predivo, na način u nauci još neprotumačen. Naravno, Vašoj Milosti to ne treba ni da kažem, samo se po sebi razume da se njihova dubinska, zapretana strastvenost što se, eto, utkiva i u platno koje je delo njihovih prstiju, ni po čemu ne može meriti s vrelinom daha naših južnih gospođa i svim onim što su one u stanju da urade svojim prstima — one su, sit venia verbo, u tome apsolutno neuporedljive. Ali, ako Vaša Milost želi odgovor na pitanje: šta je istinska podloga na kojoj počiva zavodljivost plemenitoga mog gospodara Don Žuana, odgovor može glasiti jedino da je ta podloga dansko platno, tanke i guste njegove niti. Izvesno je, iako neobjašnjivo, da ono čudesno deluje. Možda meni ne priliči da se tako izrazim, ali uz milostivo dopuštenje moram reći da je, kad je reč o tom platnu, posredi jedna od najneuhvatljivije volšebnih transsupstancijacija! Sve ostalo su neophodni sporedni elementi.

Vaša Milost je bez sumnje izvolela zapaziti da gotovo cela Evropa, kao i dosta egzotičnih, divljih zemalja daju svoj obol tome da moj gospodar bude takav miljenik žena kakav jeste. Koliko je verovati mom pamćenju, do sada ih je u njegovom životu bilo 1003. Tu spadaju njegove supruge, verenice, milosnice, konkubine, štićenice, zaštitnice, ljubavnice, prijateljice — njigov omiljeni izraz je *maîtresses* — dakle, jednom rečju, suložnice i naložnice razne vrste, koje mu, kako sam kaže, služe u opiranju 'nezdravom asketizmu'.

Glasovi koji su doprli do Vaše Milosti da je moj gospodar duhovit, samouveren, vazda nasmešen, galantan, hrabar, nežan, pravičan, vešt mačevalac, ljubitelj muzike i plesa, dece i cveća, da je istančanog ukusa u svemu, uz to nenadmašan poznavalac vina i konja, dragulja, pasa, svi ti glasovi u potpunosti odgovaraju istini. Ni najmanje ne odgovaraju istini niske glasine da je moj gospodar ohol, osion, drzak, uvek smrknut, bezobziran, samozaljubljen, nasilnik, licemer, čak lažov, da vreme posvećuje pretežno proučavanju knjiga a noći da provodi u posmatranju zvezda (moj gospodar! noću!). Takve nedostojne priče ispredaju se sa otrovne zlobe i žučaljive zavisti.

Ukoliko sam uspeo da razaberem smisao završnih redova iz preljubaznog pisma Vaše Milosti, ne smem u odgovor na ono što iz njih proizlazi ponuditi ništa drugo doli svoj utisak da moj gospodar o ženama ima izuzetno visoko mišljenje, zbog čega mu je i moguće da im se se sav posvećuje. U tome njegova razmatranja, na koja kao da Vaša Milost aludira, o ženskoj samoživosti, sujeverju, kukavičluku, lažljivosti, neodlučnosti, prevrtljivosti, svađalaštvu, gramzivosti, gluposti, nervozi (naročito u jednom 'određenom periodu') i svemu drugom što je tome slično ne igraju nikakvu veću ulogu.

Gospodar mi je nameran da u mesto prebivanja Vaše Milosti stigne za otprilike nedelju dana. Nadam se da Vaša Milost neće oceniti kao drskost moju želju — praćenu osećanjem da sam već sad nagrađen mnogo više nego što ikada mogu zaslužiti — da i pre našeg dolaska i za vreme našeg boravka u mestu srećnom što ga Vaša Milost počašćuje svojim prisustvom u svemu i u svakom trenutku budem na usluzi Vašoj Milosti.«

»Da, da«, kaže uz smešak dona Izabela, »videćemo.«

KARAMAZOVI, TO JEST PITANJE O NOVCU

— Sve su to sitnice, trice i kučine, mene samo jedno jedino pitanje zanima: ima li Boga. Jer sad, evo, tvrde da je Bog izmišljen, da ga uopšte nema, čak ni u najmanjem obimu. Ali, ja samo tebi verujem, tebi i nikom drugom, reci mi iskreno, po duši, ima li ga ili ga nema?
— Boga, da li ima?
— Jeste, Boga!
— Mmm-da, ovaj, ne, Boga nema...
— Kako to misliš, *sada* ga nema ili ga uopšte nikako nema? Sad ga nema, ali, da li će ga biti?!
— E, to, da li će ga biti... Nego, ja onim siročićima moram pomoći. Ako bi ti, dakle, one tri hiljade rubalja...
— Brate, ja sam najniži podlac i nitkov. I ranije sam mislio da sam hulja, ali hulja, tako reći, plemenita: »hulja sam, ali znam da sam hulja, prema tome častan sam barem u svom saznanju«. Ali, sad ni u to više ne verujem. Potpuno su me prekrili moralni čirevi, odvratne kraste, to jest u duševnom smislu. Ja sam osamsto rubalja samo na kockice leda potrošio, na ešarpe i papagaje. U stvari, papagaji u tih osamsto rubalja uopšte i ne spadaju... to su ti, znaš, indijski... Ti me prezri, ali morao sam. Da li ti razumeš to da sam *morao*! Kada sam nju ponovo ugledao, mene je neko naročito unutarnje sunce obasjalo i hteo sam da je razveselim... o, znam da je to nisko, posle svega što se desilo, da je neo-

prostivo i nedostojno, gnusno je da već gore ne može biti, ali, znaš, čovek je velika tajna, a samome sebi najveća, mene je bilo obuzelo ushićenje i... i ... ja sam samo tepao i mucao »anđele, golubice«, — sve je otišlo, Ciganke su pevale, sve je otišlo... doneli su votku i kečigu... šampanjac, ni sam ne znam... i asignacije sam...

— Šta! Nisi valjda i asignacije?!...

— Jesam, ubij me, smesta me ovde na licu mesta zgazi kao nedostojnog insekta, ja to i jesam, podli, nedostojni insekt... ti to ne možeš razumeti — kada sam je ugledao, nju, nju ponovo ugledao, ručicu poljubio, oh, tu najslađu zlotvorsku ručicu, ja sam se izgubio i samo sam još mislio kako i nožicu da joj poljubim, prstiće...

— Ali, asignacije, asignacije...

— Znam, znam da nikad nećeš shvatiti, ti si čovek obrazovan, od nauke, u inostranstvu si članke pisao, polemičko štivo, preporod pomoću članaka, naravno — Evropu si sahranjivao šetajući nemačkim banjama, dok sam ja, naprotiv, majčici Rusiji služio, i to bolestan — bolestan sam, od ljubavi sam se razboleo, to je ono, i stradao sam, stradao, to jest moralno... jer ona je Ruskinja, sva, u svemu, velikog je gneva žena, čarobna, i uvređena, pre svega uvređena. To ti je uopšte sa ženama, samo ti to ne znaš, ne razumeš, one su ti živoderi, ali i anđeli, pre svega anđeli... A onda, došao je i Fjodor Mihajlovič, najplemenitije biće. Kako je samo Puškina recitovao. »Voleo sam Vas...« Svi su plakali, i ja sam plakao, ja najviše, i kosu sam čupao. Umri, neobdareno stvorenje, ali umri dok lepota oko tebe zvoni, svi ti glasovi, polifonija... A onda smo je, čini mi se, malčice i šampanjcem polivali, to jest... svi smo zajedno... u ushićenju, suze radosnice... a ona se samo smejala, zanosno, zanosno. Sećam se da sam uzvikivao »još šampanjčića, još šampanjčića!« Na kolenima sam pred njom, caricom, puzio ... I, eto ...

— A kada bi ti samo znao u kakvom sam ja stanju tu decu zatekao. Prljavu, neumivenu, onaj najmlađi samo jednu čarapicu na nozi ima, a druga je potpuno izgubljena. Bubašvabe ... Ona najstarija već sve razume, gorda je i neće ni suzu da pusti — a gladna ... Stoji kraj prozora i samo ćuti, kosi zraci zalazećeg sunca obasjavaju joj zlatne vlasi, ali pogled joj je mračan, u dušu mi se zario. »Ništa«, veli, »vi nama ne dugujete, ništa od vas ne očekujemo.« Da li ti razumeš da će se ona sutra odati razvratu, a ti si tri hiljade rubalja prolumpovao, i asignacije, asignacije ...

— Brate, evo, ja ću sad kleknuti pred tebe, a ti mi prosviraj kuršum kroz glavu. Druge nema! Njoj su se tada pod suknjom noge nazirale, to je ono najstrašnije, što su se samo nazirale, i ja sam ... Kad se pojavila, meni je časovnik stao ... bledilo usana ... ona je ... mi ... Pucaj, evo, u slepoočnicu! — Znaš šta! — ja ću raditi, ješću samo šči, kopejke ću štedeti, u rudnicima ću od jutra do mraka kopati, i ubrzo, ubrzo ...

— Ali šta će biti sa dečicom dok ti »u rudnicima« budeš »kopao«. Ja sam tebi sve već oprostio, iako znam te tvoje »rudnike«, samo, da barem asignacije nisi ...

— O, ti si me sad, tim svojim rečima, skroz porazio, ozario i porazio, znao sam da si najvelikodušniji čovek koji se ikada rodio, oduvek sam to znao. Oprosti, pa će i tebi drugi oprostiti! ... Sve je to, možda, Božja volja, ali ti u Boga ne veruješ ... Kada bi ti verovao, i ja bih odmah poverovao, jer — ako Boga nema ...

VINI PU — NOBELOVAC?

Vest koja je ko zna kako procurila da Nobelov komitet ima nameru da nagradu za književnost dodeli Viniju Puu oštro je podelila mišljenja a da pri tom zapravo niko nije dovodio u sumnju vrednosti Puove poezije. Stvorile su se stranke, potrzani su najrazličitiji argumenti, po novinama su objavljivana suzdržana razlaganja, ali i vatrene prepirke, analitična razmatranja i zajapureni pamfleti, časopisi su donosili istorijski produbljene studije ali i ironične eseje, objavljeno je (na brzinu, više zbog konjunkture na tržištu nego zbog stvarne duhovne potrebe) i nekoliko knjiga, graja književnih teoretičara zaglušujuće je rasla, ukratko, književni život se uskomešao, čega je dragocena posledica bila, recimo, i to da je izvestan broj onih koji nikada ništa nisu čitali stao da se zanima za poeziju, videvši kakve varnice sevaju na sve strane.

Vest da je Pu ozbiljan kandidat uzburkala je strasti u raznim zemljama, tako da je u celoj stvari internacionalni aspekt bio veoma izrazit — prenošeni su tekstovi iz raznih novina, u žaru polemike isticano je da Francuzi, na primer, sa kulturom kakvu imaju, nikada ne bi zastupali tako nešto što zastupa protivnička strana, da bi se ubrzo i u Francuskoj pojavio tekst koji upravo to zastupa; da Nemci, na primer, narod koji je dao jednog Getea i jednog Šilera, nikada ne bi dopustili ... da bi se u najkraće vreme pokazalo kako su i oni, eto, dopustili ... i tako dalje, ispostavilo se, najkraće rečeno, da rešenje spora ne zavisi od nacije, tradicije, pa ni od individualnog talenta pojedinih učesnika u polemici, da je suština nešto dublje i da ima univerzalni karakter. Kada se stvar svede na ono bitno, koplja su se, u stvari, lomila oko pitanja može li i medved dobiti Nobelovu nagradu, koju su do sada dobijali isključivo predstavnici ljudskog roda; ako jedan medved postane laureat, neće li to biti prekoračivanje granice koje, s obzirom na prirodu te granice, može imati nedogledne posledice u kulturi — sasvim nezavisno od vrednosti Puovog opusa. *Kuda to vodi?!* Jedni su bili oštro protiv toga da medved, ma koliko talentovan, postane nobelovac, drugi su vatreno bili *za*, videći u tome poželjnu i hvalevrednu demokratizaciju u dodeljivanju poznate nagrade, pa samim tim i u isticanju, osvedočavanju i negovanju određenih vrednosti. Oni prvi videli su u tome ugrožavanje same ideje ljudske kulture, ovi drugi ocenjivali su to isto kao njeno dragoceno obogaćenje. Prvi su bili za jasnu i nedvosmislenu autonomiju čoveka i, samim tim, čovečanstva, ističući svoje simpatije i uvažavanje koje, govorili su, inače prema Puu gaje; drugi su u tome videli svojevrstan rasizam i zagrižljivost bez pravog osnova i zastupali su prožimanje i ukrštanje raznih sfera i iskustava. Pominjani su Platon i Aristotel (ovaj drugi ne samo kao pisac *Poetike* nego i kao autor *Nikomahove etike* i *Fizike*), Avgustin i sv. Toma, Monteskije i Ruso, Darvin (naravno!) i Frojd, u debati su se javljali *Magna carta libertatum* i *Deklaracija o pravima čoveka i građanina*, Nobelov testament ali i *Dnevnici* Franca Kafke (koji nije bio nobelovac).

Po prirodi stvari, vrednost Puovog opusa mnogo su više isticali i obrazlagali oni koji su prihvatali mogućnost da ovaj pesnik dobije nagradu nego oni koji su, ne obezvređujući samo delo, tu mogućnost odbacivali. Puova poezija upoređivana je sa Psalmima Davidovim i sa Pesmom nad pesmama, sa Propercijem i Katulom, sa Ronsarom i Vijonom, sa Ljermontovom i Igoom, ukazivano je na uticaje Remboa i Ezre Paunda, stvorila se čitava struja koja je Pua izvodila iz Volta Vitmena, a kada bi se povela reč o njegovom doživljaju prirode, iskrsavala su imena kao Puškin, Vordsvord i Klopštok. Naglašavana je izvornost talenta, svežina i samoniklost nadahnuća, dubina i raznovrsnost osećanja. Kao posebna vrednost naglašavana je autentičnost te književnosti. Pu, govorili su, ne živi kao pisac od već postojeće literature, kao što je to, na žalost, slučaj sa mnogim drugima, on ne stvara zahvaljujući onom već korišćenom, već oblikovanom. Kakve vrednosti i može imati književnost koja se služi time! A posebno lirika! Naprotiv, on, s upravo medveđom snagom, izražava sebe i svoj svet; umesto da parazitira na nečemu već znanom, osveštanom, možda čak i uplesnivljenom, on je to što jeste, krepak i sočan, njegovi stihovi odaju egzistencijalnu punokrvnost, hemoglobin talenta koji omogućava da se kaže nešto novo, nova reč o svetu. U potkrepu ovakvim sudovima često je navođen poznati Puov *Nepravilni zimski sonet*, koji je i pre gužve koja je oko njega stvorena bio ušao u mnoge antologije:

> Mrazni se fijuk svud dolinom čuje,
> Stravični sležu se svuda sneg i led.
> Dok ledene bure napolju huje,
> Kraj vatre ja uživam, sladeći med.
>
> Ta zima baš opasno za nos štipa,
> Ledenom rukom bi dušu da pipa,
> I stoga ne izlazim, dok je meda,
> Krušaka, kruškovače i konjaka.
> Ako i prošetam kraj drvoreda,
> Ne izlazim bez toplog nanosnjaka.

Zimu volim,
Beli veo vejavice,
Al' ne marim da obolim
Od kijavice.

»Da, da«, odgovarali su drugi, »sve je to divno i krasno, ali, ipak, medved...«

Po našem mišljenju, dodeljivanje Nobelove nagrade Puu ne bi bila neka greška. Jedini ozbiljniji propust u radu Nobelovog komiteta do sada jeste u tome što je nedovoljna pažnja posvećivana piscima kratkih priča, a da li su posredi medvedi ili ljudi, to nam se ne čini presudno važnim. Zar svi mi, na kraju krajeva, nismo u neku ruku životinje. No, na pomenuti propust valja najozbiljnije i urgentno skrenuti pažnju uvaženim članovima Komiteta. Treba se nadati da će u najskorije vreme to s piscima kratkih priča biti ispravljeno i da će, naravno, među piscima takvih, neopravdano zapostavljenih dela biti izabran ne bilo ko, nego onaj pravi.

ŠVEJK PRED STRAŠNO SUĐENJE

Stoje Vanjek i Švejk u velikom zatvorskom nužniku jedan pored drugog, pogleda uprtih u oznojeni zid, na čijem su vrhu, pod samom tavanicom, mali prozori, deset sa dvadeset, obezbeđeni tako debelim rešetkama da svetlost sa neba tuda gotovo i ne može da prođe. Pišaju. Kanal u dnu zida, za to predviđen, zapušen je, tako da mokraća veoma sporo otiče i tome što oni upravo dolivaju trebaće bar tri dana da otekne. Na suprotnoj strani, u vratima, stoji stražar, mladić izvežban za svoj posao po svim pravilima, s otkočenom puškom i nataknutim bajonetom, kako bi u svakom trenutku mogao da pripuca ili da krene da bode i seče, ukoliko bi ovoj dvojici možda palo na pamet da pokušaju bekstvo. Po tome kako mu je pogled smračeno usredsređen na njih, kako žudno, u samopribiranju, udiše vonj amonijaka, kako su mu po rukama i čelu iskočile žile, reklo bi se da je pre spreman i da ubije i da sâm pogine nego da dopusti tako nešto.

»Ti se nipošto ne daj!«, cvrkuće zvonkim glasom raspoloženi Vanjek, koji je ovog puta optužen samo za običnu izdaju, te se za sebe, kao ptičica nebeska, uopšte ne brine, već sve svoje umne snage upravlja ka ishodu sutrašnjeg suđenja Švejku, koga terete za veleizdaju u sticaju sa špijunažom, pokušajem sabotaže i, što je možda najgore, uvredom Veličanstva. »Nabijem ja sve njih na ovaj moj! Šta oni mis'e, da smo mi kulovi koji će nešto da priznaju. Nisi ništa prizno, to je glavno, i mogu da te poljube u dupe. Najvažnije je da se ništa ne prizna. U tom slučaju krivice nema nikakve, ne može da bude. Kad sam ja, pre rata, radio u uredništvu *Slobodnog glasa*, upadne tako jednog dana šef i počne da se dere na mene i na nekog Pivonjku koji je sa mnom radio na rubrici 'Poljodelstvo, stočarstvo, pčelarstvo': „Ko je", veli, „pustio onu vest da je iz Austrije stigla ovamo kod nas slinavka i da nam je upropastila ne znam koju stoku, volovi blesavi", kaže, „kao da nama iz Austrije nema šta drugo da stigne nego samo slinavka, mamu li vam slinavu, 'oćete da opet imam probleme kao s onim Vanjekovim izveštajem iz Beča, trotlu jedan, idiote!" — obraća se samo meni — „samo se u kafansku tučnjavu i razumeš, propalico alkoholizirana, a šta je za novine, za to te boli ona stvar... ali čekaj, naučiću ja vas, zvekani, šta je javno informisanje, šta onda i ako je stigla, je l' to vaš poso, da izveštavate o takvim stvarima" — i tako, u tom tonalitetu, sve dok ga Pivonjka nije prekinuo. „Izvin'te", veli, „gos'n uredniče, ono o slinavci sam napiso ja, kolega Vanjek nema s tim ništa, a što se tiče načina na koji nam se obraćate..." Tu ovaj poludi, naravski, i šta mis'iš da je bilo — izjuri ti on mog Pivonjku iz istih stopa, „marš", veli, „da te moje oči više nisu videle, ti ćeš mene da učiš kako da ti se obratim, govnaru jedan, životinjo, još priznaješ tako mirno, kao da ja imam tri života, pa da jedan potrošim samo na nerviranje zbog tvoje slinavke..." Tako se Pivonjka našo na ulici, samo zato što nije sačeko da se onaj isprazni nego se našo džentlmen da prizna...«

Zakopčavajući polako šliceve, Vanjek i Švejk kreću ka izlazu, a Vanjek bodro veze li veze: »Priznati se ne sme nikada. Doduše, čuo sam da se kasnije taj Pivonjka obogatio jer je otvorio kupleraj koji je reklamiro s devizom *Vatrene, privržene, ne razmišljaju!!*- i ko zna dokle bi doguro da nije došlo do rata... Kad sutra staneš pred onog bivola, mame mu ga bivolske, inkvizitorske, on će da se iskolači na tebe ko da nije vido čoveka u životu, ali nemoj ti ništa da se zbunjuješ, ima samo da ponavljaš dok im se ne smuči: „Gospodine sudijo, ja se ničega ne sećam, znate i sami te okolnosti, ali sigurno znam da ni u nesvesnom stanju ne bi' mogo da uradim nešto protiv naše carevine, to je jače od mene jerbo je usađeno s majčinim mlekom." Šta god da ti kažu, ti ima da se pozivaš na to mleko. Šta oni mis'e, da smo mi stoka koja ne zna dalje od nosa. Volo bi' ja njega da vidim tamo, u onom sosu, da l' bi opsovo i šta bi uradio... Oni nas još ne znaju, oni nas znaju samo s naše lošije strane. Glavno je da se ti ništa ne sećaš. I mleko! A oni mogu da jedu govna. Je l' znaš ti šta oni mis'e? Oni gledaju ovako: dali smo vam da žderete, pa možemo da radimo s vama šta 'oćemo. U miru još 'ajde-de, a u ratu ima da izginemo, jerbo smo dobili da se nažderemo. U stvari su oni u pravu, ljudi trče kod onoga ko im daje da se nažderu. Ali, ja sam u tome uvek bio gospodin. Cenim nezavisnost. Pre rata, ako nisi 'teo da me platiš kako treba, neću da radim. Možeš da se ubiješ, neću i gotovo, moja slobodna volja. Ako sam već rob i zavisim od prirodnih potreba, imam barem slobodan duh i neću da se ponižavam za 'leba. Glavno je da ne daš da te zezaju. Ja sam, dragi drugare, išo i u gimnaziju, i da sam 'teo, mogo sam da budem inženjer ili lekar. Školu sam napustio jer sam cenio život, ali sam osto gospodin..."«

Izgovarajući poslednje reči, Vanjek se okreće ka stražaru i galantno mu se klanja, s pokretom kao da skida šešir. Ovaj je tako smrknut da se ne može oceniti razume li uopšte ijednu reč koja je izgovorena i na dobroćudni Vanjekov osmeh s kojim ga ovaj još za trenutak posmatra odgovara samo jednim tupo-siktavim „Maarš!" koje uspeva da istisne kroz zube. »Molim, molim«, uzvraća Vanjek, »pardon, vama vaš osećaj odgovornosti ne dopušta... razume se samo po sebi, shvatam, vi ste gospodar ovog sveta, to jeste, molim, naravno, ne samo ovog našeg ovde lepog sveta u užem smislu nego celog sveta, sa svim lepotama, i ja... s najvećim poverenjem, sasvim...«

»Da, da«, nastavlja Vanjek, ulazeći već za Švejkom u ćeliju, »otmenost i finoća su sve ređe u svetu. Znaš šta«, dodaje, »kad bi meni neko reko — evo ti cela naša carevina ali da napustiš svoje manire, ja bi' mu odgovorio bez razmišljanja: „Carevina meni, gospodo, ne treba, živim ja i ovako, i — skinite mi se." To bi ti bio moj odgovor na takvu ponudu. Mm-daa, a sutra će tamo da bude velika prdnjava, samo se ti ne smeš zbunjivati. Najvažnije je — pribranost. Pre rata odem ja jednom u cirkus i tamo, posle svih onih lavova i tigrova, eto ti ga mađioničar: izvodi, đavo, prava čuda, čarobnjak — i to ti je, vatru guta, po vazduhu hoda, seku ga na tri dela, pamet da ti stane. Na kraju ga ispale iz topa, a on, mamu mu, preleti celu arenu i dočeka se na ruke. U stvari, na jednu ruku, a drugom maše publici. Onda, pos'e toga, stane na sredinu, pod one reflektore, ko da ništa nije ni bilo, i kaže: „Ko će sad iz cenjene publike da uđe u top, pod mojom magijskom zaštitom?! Imaće veličanstven mistički doživljaj trećeg stepena i dobija još sto kruna pride u gotovom!" „A, ne", mis'im se ja, „nećeš ti mene upecati na to. Koji, bre, top! Popneš se ti meni na ovu moju topovnjaču brzomećuću!" Naravski, rulja nagrne, čudo ona voli više od svega, a i sto kruna pod 'magijskom zaštitom'. Još i mikrofon odnekuda trešti: „Neuporedivi veliki maestro koji je ušao u legendu evropskih savremenih arena, najveći autoritet u ovim pitanjima, pruža vam priliku da mu se pridružite u majstorstvu, zove vas k sebi da letite kao i on. Sto kruna vas čeka na blagajni!" Ovi cipovi bi navalili i bez mikrofona, a ovako da se polome. I šta je bilo? Naravski, pokvarilo se tamo nešto, tako da je onaj što ga je mađioničar izabro dobio samo opekotine trećeg stepena. Unakazio se, ne mo'š da ga pogledaš. Ipak je osto živ, pa je pos'e tužio cirkus u građanskoj parnici, tražio čovek o'štetu, al' 'oćeš mojega, ovi već bankrotirali. Triperozna kombinacija. To ti je to s čudima. Meni to ne bi moglo da se desi, ma ni slučajno. To je zato što sam ja čovek pribran. „Hvala lepo, sto kruna ćemo zaraditi na drugi način, bez čuda i mađioničara, i uzdravlju da se vidimo." 'Ajde, bogati. Kao da nema života i na drugi način. Dabome.«

Švejk puši lulu u svom ćošku i povremeno ubija stenice koje neprestano grizu. Bubašvabe pretrčavaju odaju u jurišu na limene zatvorske porcije, koje i tako olizane smrde na loj, a koje su Vanjek i Švejk ostavili kraj gvozdenih vratnica. Vanjek nastavlja nešto mirnijim tempom: »U krajnjem slučaju, ako vidiš da je stvar baš krenula naopako, imaš poslednje sredstvo — nekako moraš da ih iznenadiš i prerazaiš. Najvažnije je iznenađenje. Ako vidiš da ništa od svega nije delovalo, ti ih lepo pusti da se naseru koliko mis'e da im je potrebno — oni kad počnu, ne umeju da se zaustave! — i kad sve bude gotovo, ti, bez reči, priđi glavnom sudiji i poljubi ga. Efekat ima da bude sjajan, pazi šta ti Vanjek kaže. Važno je samo da ne pomis'i da 'oćeš da ga ujedeš, ponašaj se prirodno i opušteno... kad ga poljubiš, oni svi ima da popadaju na dupe, zbunićeš ih u glavi da neće znati di su.

Najvažnije je: bez reči. Jednom sam ja tako, dok sam bio dežurni u vatrogasnom društvu *Prometej*...«

Vanjek prekida jer čuje Švejka kako počinje lagano da hrče. »U pravu si«, kaže, sad već više kao za sebe, Vanjek, »pred suđenje je najvažnije ispavati se. Neispavan čovek nije nizašta. Što više spavaš, to si posle čiliji. Znao sam neku Marženu, vrlo dobro dupe, zgodne nogice, punačke, dobra duša... Stomačić. Ali, stalno nekako neispavana, a i ja uvek dođem kod nje nekako suviše kasno, uveče, ona žena premorena, mora rano da ustane, dan dugačak, poso ne čeka — i ne ide, pa ne ide. Ja s njom sve učtivo, gospocki, pohvalno se izražavam o njenim osobinama i raznim svojstvima, pipnem je onako gde je pristupačno, 'vatam je za sise, kao slučajno, i to, ali ništa. Kupim joj, ponekad, i čarape, ili keks *Tahiti*, jednom sam na rasprodaji kupio i flašu vina, ali ona nije raspoložena pa to ti je, „je l' znaš ti", kaže, „kad ja ustajem, i šta radim, i kako me tamo na poslu zezaju?! I kako mi je u životu!" Dok meni nije puklo pred očima: ima žena takav bioritam — i počnem da dolazim ranije, predveče, „Maržena, dušo", velim...«

III

...plantant mes choux...

Montaigne

PRETHODNA NAPOMENA UZ TREĆI TOM

Nauci je jasno da više vredi jedan trenutak nepomućene radosti nego bilo šta drugo što život može da dâ. Mir i vedrina su najviše što se može postići i — bar sa stanovišta nauke — sve ono što ih narušava mora biti negativno ocenjeno, ma koliko da je inače cenjeno kada se posmatra »samo po sebi«. Sporno je još uvek može li se sve što muti i kvari radost i vedrinu svesti na jedan jedini uzrok, odnosno izvor, ili ima mnogo samostalnih i međusobno nepovezanih uzroka, odnosno izvora, ove vrste. Neki misle da se sve može svesti na smrt i strah od smrti, iako to nije uvek jasno vidljivo, nego tek pažljiva analiza eventualno odvodi kroz mnoge oblike posrednosti ka ovom mračnom temelju. Naše gledište je jasno: treba živeti neopterećen mišlju o smrti. Ako se ta misao ne može izbeći, opterećenost njome može — duh i jeste vedar kada je kadar da se oslobodi tog pritiska i zato što je u načelu sposoban za to. Neke dublje mudrosti tu nema i moramo reći da se čudimo Paskalu, koji je inače, kao matematičar, imao tako oštro oko (matematičare mi veoma cenimo, to nam treba verovati!), što je toliko gunđao protiv onoga kome toliko duguje, i to upravo u najvažnijim stvarima, ne mogavši da mu oprosti njegovo »paganstvo«, želju da živi udobno i spokojno, a, ako mora, da umre bez muka i straha. Na račun oštroumnog matematičara valja svakako reći da u

tome nema nikakvog mekuštva ni kukavičluka, nego je to pre dragoceno saznanje da je život istina o smrti, a ne obrnuto, da je »smrt svakako kraj, ali ne i cilj života, njegova završna tačka, njegova krajnja granica, ali ne i njegov sadržaj«.
— Ne sporimo potrebu da nauka i dalje razmišlja o ovome, no i u istraživačke poduhvate ove vrste kreće se uvek s nekom prethodnom idejom.

KNJIGA O JOVU

Kada je Jov, čovek bez sumnje dobar i pošten, možda čak i preterano, uzroptao sa prevelikog jada, i kada je, kraj sve svoje bogobojažljivosti, stao da proklinje hudu sudbinu, Bog ga je, kao što je poznato, udostojio odgovora čiji ton nije bio sasvim lišen izvesne nestrpljivosti: »Gde si ti bio kad sam Ja nebo razapinjao« i »Nemoj mnogo da kukaš kad ne razumeš stvari«. Na to Jov, naravno, nije imao bogzna šta da uzvrati. Odgovor, ako se to može nazvati odgovorom, bio mu je dat sa pozicija mnogo veće sile, naravno i nedokučljive premudrosti, ali ovo drugo se u prvi mah može i zanemariti, jer je već i ogromna nadmoć dovoljna — i šta tu još da se govori.

S druge, opet, strane, nepodnošljive razmere nesreće koja je skolila Jova bile su, kanda, preduslov da on ipak dobije izvesna objašnjenja pravo s najvišeg mesta. Onaj ne baš mnogo prijatan, a svakako ne ni preterano utešan dijalog s najvišom silom ipak je nešto sasvim izuzetno. Da li je takva komunikacija odgovarajuće obeštećenje za patnje kakve bejahu Jovove, o tome teško da može suditi neko ko nije doživeo i jedno i drugo. Izvesno je, međutim, sledeće: takav razgovor lišen je ne samo konvencionalne uglađenosti nego svega konvencionalnog uopšte. Stoga on ima i estetsku privlačnost i nesvakidašnju dubinu, ali ga je, možda upravo sa prejakog sijanja smisla, izuzetno teško podneti, gotovo isto onoliko koliko je teško izdržati mračne prilike koje su do njega dovele.

Umesno je upitati se kako Jov nije pomerio pameću, kada se zna šta je sve morao da pretrpi. Neko drugi na njegovom mestu oboleo bi od paranoje, ophrvan, i skrhan, mišlju da ga svi progone i smišljeno kinje. Jov je imao mnogo razloga za verovanje da su se na njega s raznih strana izuzeli znani i neznani, pustošeći, neizazvano, iz pakosti, po svemu za šta je dotad mislio da je njegovo mesto pod suncem. I kao da nije dosta što su gazili sve što mu je niklo i nicalo na njivi života, zatirali su i ono što bi tek moglo niknuti. Pa ipak, nasuprot svim razlozima i uprkos njima, u Jovovoj duši pobedilo je nešto drugo — on je izdržao.

Objašnjenja za to moglo bi biti više. Tako bi se, recimo, jedno od njih moglo izvesti iz uverenja da je i najčemernije žiće još uvek dar na koji se mora gledati sa zahvalnošću. Ne samo da se takav dar kao što je život ne sme zloupotrebljavati ili čak odbaciti, on se mora s radošću koristiti i posmatrati s odobravanjem čak i ako mučne njegove strane preovladaju: život je sjajan suvišak nad ništavilom u svakom slučaju, a ne samo kada, ispunjen radošću, ljubavlju, oduševljenjem, kao blistava munja luta njime.

Objašnjenje bi moglo biti i u tome da je Jov od samog početka svojih muka osećao u dubini duše da je sve to potrebno kao sadržaj neke Knjige o Jovu, čiji se smisao ne može unapred znati, ali to najposle i nije najvažnije, jer je od suštinskog značaja da *smisao* postoji. Čovek se, bez obzira na okolnosti, uvek oseća nekako naročito kada zna da će njegovi prolazni trenuci biti negde opisani i da će slovo o njemu trajati u vremenu. U tome ima nešto laskavo. Čak i najnepovoljniji izveštaji, najsumorniji iskazi, pametno sročeni, čine da se nevoljno biće uskočoperi.

Međutim, kada se zna Jovov karakter, navedena objašnjenja ukazuju se kao moguća, ali pre kao dopunska i propratna; ono glavno je u tome da je Jov umeo da oceni pravu prirodu, odnosno uzrok zala koja je trpeo. Možda to nije bilo sasvim svesno, možda je u početku bilo samo naziranje, lelujava hipoteza. Ali, pokazalo se, u krajnjem ishodu, da je i to dovoljno. Ovo treba bliže razjasniti.

Sva je prilika da Jov nikada nije pažljivo pročitao Sveto pismo, a možda ga uopšte nikako nije ni čitao, o tome malo znamo. Ako ga je i čitao, nije jasno da li mu je zapelo za oko i da li je upamtio čuveno uputstvo koje se tamo može naći: »Ne budi suviše pravedan ni suviše mudar, zašto bi sebe upropastio.« O njemu Jov, izgleda, ništa nije znao. Još je manje verovatno da je ovaj pravednik čitao u ono doba još nedovoljno poznate stihove koji kažu:

A uvek sam mislio: I najjednostavnije
                                    reči
Moraju biti dovoljne. Kad kažem kako
                              stvar stoji,
Svakome se mora kidati srce.
Da ćeš propasti ako se ne budeš branio,
I sam ćeš uvideti.

Jov se uopšte slabo zanimao za poeziju i, po svemu sudeći, smisao poslednja dva stiha ove pesme, na primer, nikada mu nije prodro do svesti — dragocena umetnička poruka koja, na žalost, i u mnogim drugim slučajevima ostaje nesaslušana.

Pa ipak, uprkos ovakvoj, kažnjivoj neobaveštenosti, naročito kada je o Bibliji reč, Jov je u svakodnevnom životu umeo da vidi šta je nepravda, uvreda, nasilništvo, gramzivost, bezobzirnost, samovolja, podmuklost, bezakonje, surovost, zloba, ulizištvo, zluradost, kao i njihove razne kombinacije. Otud, kada bi se sâm našao na udaru, uzvraćao je, nije, što kažu, dao na se. I tu je težište. Jer: za neku trajniju zaštićenost nedovoljno je umeti razboritošću i ljubaznošću otklanjati nesporazume s bližnjima, prilagođavajući se neprestano, danju i noću, jačima od sebe i slabijima, boljima i gorima; kao što je nedovoljno umeti skloniti se od kiše; ili znati koliko stegnuti ruku nepoznatom pri pozdravu... To je Jov znao, kao i mnogo štošta drugo, nije on bio ni spetljanko ni mlakonja, i dobrota koja mu je bila svojstvena nije bila znak nesposobnosti za život. Ali, najvažnija njegova odlika, što se duševne ravnoteže tiče, bila je spremnost na otpor kada bi neko hteo da mu nanese kakvo zlo. Takvih pokušaja je među ljudima uvek bivalo a ima ih pokatkad, mada sve ređe, čak i u naše vreme. Kao što se iz psihijatrije zna, onaj ko ume brzo i higijenski da izbaci iz sebe talog zla poteklog od drugih ljudi, slabih i ugroženih kao i on što je, često, pak, i kukavnijih i slabijih od njega, zbog čega mu oni o zlu i rade, taj će imati teških trenutaka, kao što će ih i drugi imati zbog njega, ali, kad se sve uzme u obzir, njegovo duševno zdravlje neće biti ugroženo. Ne razjeda dušu čovekovu nesreća sama po sebi, nego njeno strpljivo podnošenje, bez delotvorne protivakcije. Strpljivost te vrste pretvara se obavezno u opasnu autodestruktivnost ili osećanje krivice i čoveku mrkne pred očima.

 Krotkost s kojom je Jov dugo podnosio ono što ga je snašlo kao da protivreči izrečenim sudovima o njemu. To je, međutim, samo prividno. Celo pitanje se, naime, ukazuje u sasvim novoj svetlosti kad se ima posla sa silom koja u svemu nadilazi moći čovekove, mrveći.

Kao što je rečeno, Jov je, upravo dubinom svoje duše, čiji su računi sa svetom jasni, od samog početka naslutio da to što se sad stuštilo na njega nije obična stvar, da je posredi nešto što dolazi iz veoma udaljenih predela, s najviše visine, koja je tolika da se već ni ne može nazvati tako, niti uopšte ima imena. Ta slutnja vodila ga je ka uviđanju, uviđanju nimalo iznenađujućem kad je neko u svojim poslovima s nebom i zemljom dovoljno uredan, da tu pokušavati uzvratni udarac znači hteti nadbijati se s nečim što je po snazi neiscrpno; to, dabome, niti može uspeti niti kakvog dobra doneti, ma bilo i posredno ili koliko za utehu, utoliko pre što je čovek, čije su snage ionako male, dodatno iscrpljen upravo iskušenjima na koja bi da uzvrati. Što je nemoguće, nemoguće je. To saznanje, sa svom svojom gorčinom, delovalo je na Jova snažno.

Samo, ne traje nijedna nepogoda večno; kad-tad svet, kao i nebo, mora sinuti sjajem — u tome je nada. Ako je istina ono, istina je i ovo. Jov je na to mislio naročito uveče, uzimajući suve šljive pred spavanje, i bora među očima postajala bi mu manje duboka. »Smireno odoleti, ne ozlojediti se«, to je bila polunesvesna smernica koje se držao Jov. Pre nego što će leći u postelju, duboko je udisao vazduh: »Nek se istutnji, šta možemo.«

Kad je mera ipak bila prevršena, izvio se iz Jova vapaj koji je značio da ovo geslo u njemu više ne važi. Ta mera, određena valjda negde u genima, u krvnim zrncima, ali još uvek neobjašnjena, možda i neobjašnjiva, neuhvatljiva za nauku kao i sudbina, mera je snage hranjenje i održavane nadanjem i poverenjem. Kad je te snage ponestalo, brana je pukla. Nemoć i nesreća, združeni, pretvorili su se u očaj. Tada je Bog, tada, ne pre toga, rekao Jovu ono što mu je rekao, da, naime, ima stvari koje on, Jov, ne može, niti treba da razume. Tajna se objavila, i to kao tajna, koja, dakle, to i ostaje. Čovek valja time da se uteši, kako zna i ume, ako može. Zanemeli Jov iz svega je ipak shvatio da je dotadašnje njegovo držanje bilo dobro, a da su obeshrabrenost i samosažaljenje — greška i stranputica. Iako smlavljen, bio je Jov i osnažen — doduše na način ponešto neobičan — tim saznanjem da je njegovo predosećanje bilo ispravno, da su posredi zaista izuzetna zbivanja, pa da je, otud, možda i njegova sudbina mimo druge... Tu je, onda, na časak — ali kakav je to trenutak! — pomislio i to da je život u svakom slučaju dar. Da u običnim stvarima i dalje mora biti čvrst i odlučan, kakav je uvek bio. Da će se upravo time obnoviti, jer nerazgovetna odgonetka tajne samo je u tome; izdržaće, a posle...

Može se, dakle, reći da je sposobnost razlikovanja nesrećâ po poreklu i svrsi spasla Jova. Zahvaljujući njoj, njegov krik doveo je do direktnog opštenja s Bogom, kao plemenit izraz bića odanog životu, koje, na ivici snaga, tim krikom nalazi svoj izvor i putanju koja vodi dalje. Zahvaljujući toj sposobnosti, uspeo je Jov da spreči da ga spoljašnja tmina sveta, a ona je zbilja ogromna, ne potopi iznutra. Jova treba videti kao sunčanu dušu. — Zato se i sve ostalo moglo završiti onako kako se završilo. Ne samo da nije poludeo, Jov je, kažu, posle poznatog razgovora prikupio novu snagu, saživeo se sa svakojakim ožiljcima, koji su u svakom slučaju bili tu, i umro star i sit života, a nešto više od toga, bar zasad, teško da se može postići.

EDIPOV KOMPLEKS

Kompleks livada, šuma, njiva, navodnjavanih i onih koje zavise od božje kišice, vrtova, voćnjaka, povrtnjaka, lovišta, vinograda, pašnjaka, golih ledina i tresetišta, koji je Edip za dosta kratko vreme stekao, vredno radeći i promišljeno trgujući, predstavljao je zaokruženo, divno raspoređeno imanje, velikih mogućnosti, koje je pružalo sigurnost i udobnost svome vlasniku a i veliko zadovoljstvo oku kada bi ovaj, stavši na prag svoje kuće, s vrha brežuljka, obuhvatio pogledom lepo obdelavane površine, kao što je, ne manje, i za uho uživanje bilo čuti rzanje konja, blejanje mnogih ovaca, veselo, nestašno zujanje pčela koje se raduju životu kraj bujnog bagrenjaka i po cvetnim rudinama, a, svakako, i poj ptica, od svake vrste, koji bi se, naročito u osvit dana, čuo po Edipovom kraljevstvu. Doista, na svome imanju Edip se osećao kao kralj, i imao je dobrih razloga.

Živeo je Edip u kući ne suviše velikoj ni raskošnoj, ali građenoj čvrsto i smišljeno, zaklonjenoj od vetra, na prisojnoj strani; negovane ruže krasile su neposrednu okolinu, a takođe i dan-i-noć i kadifice. Tik kraj kuće bio je izvor žive vode čiji je žubor razgaljivao dušu. Pošto je tu živeo sa staricom majkom, Edip nije ni pomišljao da nešto dograđuje ili prepravlja, mesta za njih dvoje i malobrojnu poslugu bilo je dovoljno, i previše; ilovaču za opeku, koje je takođe bilo na njegovom imanju, tesanu građu i kamen iz malog kamenoloma prodavao je Edip po umerenoj ceni i prihod od toga koristio je za unapređivanje svoje delatnosti: kopao je bunare, pravio zimska hranilišta za divljač po šumi, gradio je mlinove, ambare, staje, podziđivao put gde bi se pokazala potreba, brinuo da i u najkišnijim godinama mostovi preko potokâ budu čvrsto na svom mestu, za uređivanje gazova i vodojaža imao je posebnu naklonost, nije žalio troška za opravku starih i za nove bačve, košnice, alatke, taljige, amove i potkovice; zaliha je uvek imao dovoljno da može da ostavi na ugaru ono zemljište kome je za to došlo vreme i nijedan gost nije bio ispraćen a da nije okusio i staru rakiju, i mladi sir, suvo meso i pečenje, čorbu od povrća i pastrmku na žaru, beloga hleba i još belje pogače, slatko od malina i od trešanja, orahe i suve šljive, kestenje i pitu bundevaru, medenjake i palačinke, vino kakvo mu duša želi i bistre vode izvorske, koja jedina, ipak, može stvarno da ugasi žeđ.

Porez je Edip plaćao uredno, mada strogo pazeći da mu ne navale i dažbine koje ne pripadaju, čemu su poreznici otkad je sveta i veka vazda bili skloni, i kada gazdinstvo ne cveta bogzna kako, a kamoli kad je u punom procvatu; uvek je Edip, kada dođe taj trenutak, imao s njima reči oko toga, ali, miran i razložan kakav je bio, uspevao je da ih uveri u svoje, popuštajući retko, malo i uvek u sporednim stvarima, nikada tako da zbog nameta koji idu ko zna kud i ko zna na šta trpe njegov rad i napredak. Ali je zato Edip bio srazmerno široke ruke kada bi došlo da se dâ prilog za kakvu dobrotvornu svrhu, pa je ponekad, premda s izvesnim unutrašnjim otporom, umeo da dâ i milostinju, koja je uvek bila veća ako ju je davao kljastom i nemoćnom nego zdravom a ubogom.

Na vašare i slične svetkovine išao je Edip nerado, s vremenom sve ređe, zadržavajući se sve kraće, koliko je neophodno da obavi posao, proda i kupi, da progovori s ljudima i upita se za zdravlje, ali ne mnogo više od toga. Ako je bilo o tome šta je pravo i pošteno, to se i u dve reči moglo raspraviti, a mnogo priče i razgovora, koji vrluda i tamo i ovamo, samo zamućuje stvar i iznuruje dušu gore nego što kosidba zamori telo. Mnogo više od sajmova, gužve, pevanije uz piće i mnogorekih usta, voleo je Edip da sedne pred kuću ili kraj vatre i da, ako nema šta drugo, u tišini plete korpe od pruća ili se bavi kožama ulovljenih zveri — u štavljenju je on, uostalom, bio nenadmašan majstor. Umeo je da pravi sveće od voska i korita od lima i drveta, šarke za vrata i žarače. Deljao je ponekad i frule, veoma lepe i milozvučne, u koje sâm nikada nije svirao, nego samo malo, kad neku od njih završi, da je isproba, pa ih je onda delio deci, već prema prilici, neka ona sviraju. Poseban sitan alat imao je za pravljenje udica, katkad sasvim neobičnih, prilagođenih raznim vrstama ribe, uključujući i one najređe, i malo-pomalo nastala je takva zbirka kakvom teško da se iko drugi mogao pohvaliti; u posebnoj kutiji držao ih je Edip u svojoj spavaćoj sobi. Izrađivao je i različite četke, sve koje su jednom domaćinstvu potrebne, a sa naročitom brižljivošću pravio je svakih nekoliko godina sebi novu četkicu za brijanje od jazavičijih brkova.

Sve u svemu, živeo je Edip mirno, srećno, zdravo, koristeći ono što dobročinstvena priroda može da pruži i kloneći se onog čime može da ugrozi. Rad je obnavljao njegovu snagu, a umnožena snaga omogućavala mu je da radi, usrdno je služio zemlji, biljkama, životinjama, a uzvraćeno mu je bilo takođe štedro: krepkim korakom, saživljen sa svime unaokolo, hodio je Edip zemljom.

Vidimo ga kako jedne večeri prelazi preko brvna ponad duboke jaruge koja je išla ivicom njegovog imanja. Odavno bi Edip tu bio napravio most sa ogradom, da se mirno i bez zazora može preći, ali ga je u tome zadržavala pomisao da brvno vodi u područje koje nije njegovo, da mu, doduše, niko razuman ne bi uzeo za zlo što se sam dao na posao od koga će koristi imati svaki prolaznik, ali da uvek mora da se računa i sa nerazumnim prigovorima tamo gde čovek nije potpuno na svome i sasvim svoj gospodar, te da je možda ipak bolje da ne dira ništa i ostavi tako kako je oduvek. Iako je prelazak nesiguran, pad dole, ne daj bože, bez sumnje pogibeljan, kretanje noću, čak i sa fenjerom, nemoguće.

Sunce je već bilo zašlo, ali se suton spuštao sasvim polako. Nebo na zapadu nije više bilo sjajno, ali se rubom bregova kretala srebrnasto-zelenkasta svetla pruga za koju bi čovek načas pomislio da je noć nikako ne može izbrisati. Došavši nasred brvna, Edip je stao i zagledao se u tu prugu. Na suprotnoj strani, njemu za leđima, nebo je već uveliko bilo maslinastocrno, a pod nogama mu je zjapila tamna praznina, na čijem se dnu kamenje i žbunje nisu više mogli razaznati. Nemajući o šta da se osloni, stajao je Edip raširenih nogu i gledao prema zapadu: tišina, koju je inače toliko voleo, učinila mu se u jedan mah prevelika, neprijatna. Svetli venac ponad brda, čiji obrisi su zatvarali vidik, gasnuo je, ipak, ali oko kao da je htelo da ga zadrži, bar njega. Na kraju su daleka uzvišenja potpuno uronula u sivu i ljubičastu visinu, svaki tren sve tamniju. Edip je spustio pogled u jarugu, digao ga gore, i ponovo ga spustio. Nemoguće je reći koliko to traje kada neko tako gleda u ponor pod sobom. U kojem se ne vidi ništa. »Ne, ne«, reče. »Ipak... ipak je... sve je dobro. Učinio sam što sam mogao. Idem. Idem... kući... I nadalje moram... i nadalje... ću...«

PETELJKA S TREŠNJAMA ZA TERSITOVIM UVETOM

Zna se ko je Tersit. A opet. Svi znaju za podrugljivog vojnika, pogana jezika, koji, pun prezira prema životu, i svom i tuđem, govori stvari koje su ne manje ružne nego što su istinite. Neuvijeno, neumekšano; u lice. Od trnja njegovih primedaba zazirali su oni koje je bô i probadao kao i oni — samo, taj je strah drugačiji — koji tu draču sami nisu iskusili. Bolne bodlje. Tako, postoje ozbiljni izveštaji o tome kako je poznatom junaku Ajantu smireno saopštio svoju ocenu da ovaj u glavi ima toliko mozga koliko ga on, Tersit, ima u laktovima. Ni um drugih velmoža, kažu naučni spisi, nije na njega ostavljao povoljniji utisak; u najboljem slučaju, saznajemo, bio je rad da na tom kladencu napoji svog konja. O glavnom vojskovođi, Agamemnonu, na primer, mislio je da bi se iz njega nešto moglo iscediti jedino ako bi taj delija sav bio prekriven gnojnim krastama. Do Ahila je držao koliko uman čovek drži do zabreklog nasilnika bez uma, Hektora je cenio kao plemenitog viteza koji razbija crvljive orahe... U ovakvim i sličnim Tersitovim sudovima oseća se kao neka zloba, gotovo da se kaže i mizantropija. U svakom slučaju, izvesna smrknutost. Dobro, izoštren pogled — to da! pa i gađanje — u redu! ali, najzad, nije sva istina ni u tome, a onda, čemu te prejake slike, neodmerene metafore? postavljalo se više puta pitanje u potonjim vremenima.

Ostao je zapamćen Tersitov *plaidoyer* da se rat koji ima povod i razloge kakve ima ovaj što ga oni vode prekine bez odlaganja i bezuslovno. To je bilo protumačeno kao znak Tersitovog kukavičluka i izraz niske duše koja ne razume vrhovne vrednosti ljudskog života Tersit je sa svoje strane, opet, uzvraćao da razvrat i duševna slabost koja iz njega nužno sledi ostavljaju još mučniji utisak kada nastoje da se zaodenu plaštom mudrosti i prikažu se kao uvređena pravednost; i da je na svetu malo šta odvratno kao ratobornost ako je posledica kipteće sujete ili, što je možda još gore, podrovanog seksualnog ponosa. »Blud i kavga, pohota i zavada, to vam je sva vaša pamet i politika.« Ne samo Menelaj, mučen svakojakim ponižavajućim pojedinostima svoga ljubavnog života, i ostali su se glavari na razne načine pobrinuli da se ovo shvati kao ropska zlovolja nekoga ko svoj jed ne izvlači iz stvarnosti ratnih zbivanja, ropca samrtnika i krkljanja osakaćenih, već iz svoga sopstvenog mraka u koji svetlost slave i podviga ne prodire. S tim žigom ukazivao se kasnije Tersit mnogim naraštajima, sve do u naše vreme. On je tu družinu video kao razmetljivce koji se puće i prenemažu, preotimaju jedni drugima žene i pletu intrige, a oni su njega posmatrali kao strašljivog nikogovića. On je u njihovim tiradama čuo samo vatreno zastupane gluposti, a oni u njegovim hladnu zajedljivost, veoma neprijatnu. Sve je to prilično poznato.

Manje je poznato, ako ikako i jeste, da je starina Nestor imao manje-više redovne sastanke s Tersitom, održavane manje-više u potaji. Umeli su njih dvojica da provedu i po celu noć u nečujnom razgovoru — o tome se, takođe, slabo zna. »U prkošenju nedaćama leži prava mera ljudi«, to geslo je Nestor, sad se s dosta pouzdanosti sme zaključiti, preuzeo upravo od Tersita, iznevši ga, tako reći, iz tih noćnih susreta na svetlost dana i u obasjanje razumljivog jezika. Uveravao je Tersit Nestora da je čovek i u mirnodopskim uslovima stvorenje jadno i kukavno, a kad dođe rat sa svojim raznolikim iskušenjima, onda pogotovo ne ostaje ništa od makar prividno doličnog života. Bez upravljenosti prema nekoj zvezdi živi se u svakom slučaju, ali je onda ipak bolje bez krvoprolića. Nema prijateljstva, dobrote ni pravog razgovora među ljudima, ali da se barem nasilje, nered, samovolja sputaju koliko je moguće. Nesnošljivo je živeti, ali ne uvek u istoj meri. Nestor je, ne bez diplomatske veštine, pretakao ove misli u oblike koji su bili upotrebljivi na skupovima hrabrih perjanica i uspevao, ne uvek, ali ponekad, da ponešto od toga makar za tren, ako ne već i po ceo dan, zaposedne svest onih koji su ga slušali.

Mnogo štošta, međutim, uopšte se ne zna o Tersitu ili bar veoma odudara od uobičajenih predstava o njemu. Zar nije u oštrom protivrečju s takvim predstavama Tersit koji — voli. A, evo, vidimo ga u letnjoj noći kako na mesečini, među čempresima, utiskuje poljupce po ženskom bedru, ljubeći ga sa silovitošću i žarom kao da ih je dobio od talasa i sunca koji su tu nogu i učinili tako glatkom i lepom; ispija celo to telo ispruženo pred njim, predat samozaboravu kao more koje tone u sebe, gubeći se. Nije to, naravno, ni Jelena, ni Briseida; nepoznato je ime one koja u taj noćni sat govori Tersitu: »Zašto me ljubiš kad ja to ne želim«. »Ali ja sam prešao pola sveta da bih došao do tebe«, šapuće Tersit. Nemoguće je reći kako se završava ovakav razgovor. Vidimo Tersita kako stoji zagledan u crno noćno more. Vidimo ga kako odlazi, puštajući iz ruku čempresovu granu koju je pre toga toliko savio da je gotovo pukla i pri tom jedva sklonivši glavu da je ova ne ošine dok se, poput opruge, vraća u svoj prirodni položaj. Vidimo ga u šatoru kako zapisuje da sve to u njemu ne izaziva očaj, možda stoga što je već star da bi zbog tako nečeg bio očajan. »Mada je onda *to* još veći razlog za očajavanje.« Pratimo njegove misli o višku života, koji valja da se zgusne kao slast u smokvi i da prokapa u jednom času, lišenom, tad, umiranja, kao što prokaplje smokva. I da nema takvog viška. A opet. Vidimo ga kako, daleko od logorske vreve, sedi na obali i baca kamenčiće u vodu, pribran i odsutan istovremeno. Kako leži na žalu, i ne zna se da li spava ili gleda u raskuštrane oblake koji ispisuju svoje neme, večne priče o večnosti koju zastiru. Kako pere ruke na izvoru i onda pije iz šake snažnim gutljajem. Vidimo ga kako s trešnjama zadenutim za uvo korača poljskim puteljkom, u tišini prepodneva, i gleda oko sebe.

ENEJA U BLISTAV ZAGLEDAN GRAD

Žarko je letnje popodne i jarki jâs odasvud, ali Jul ipak ne shvata o kakvom mu sjaju govori otac. »Mi smo i tamo i ovde, istovremeno«, kaže Eneja sinu. »Razumeš?« Ne, on ne razume, jasno mu je samo da njegov otac vidi nešto što on ne vidi, i to ne u budućnosti, ne u predelima proročke slutnje, ne u zanosu koji se napaja prejakom žudnjom — premda duboko zamišljen i sa odsutnim izrazom lica, Eneja trezno, i sasvim neposredno, gleda blistav grad pred sobom, zasut snovnim sjajem, no zato nimalo manje stvaran. Blistanje ga, naprotiv, čini stvarnijim od surih zidova koje sinovljeve oči jedino vide. Jula plaši taj izraz odsutnosti na Enejinom licu, taj izraz neke *druge prisutnosti*, i, ne znajući šta da kaže, on muca nešto o tome kako se tu u stvari ne vidi ništa do tmurne senke tmurnih, u nuždi i za nuždu sklepanih građevina. »Nikakve lepote tu nema«, usuđuje se da prošapće. Eneja to čuje, ali ne smatra potrebnim da se spori. »Mi smo i tamo i ovde, istovremeno, razumeš«, kaže. Jul je srčan mladić, ali i najhrabrija duša može da klone pred priviđenjem; suočen s pogledom nekoga ko vidi nevidljivo, uzdrhtaće i onaj koji ostaje miran pred razbesnelim lavom ili sred dreke jarosnih varvara. Poznaje Jul svog oca, zna da je on dobar i čvrst čovek, miroljubiv mada ne i popustljiv, privržen redu i zakonu, koji veruje u rad, strpljivost i uspeh dobre volje, čovek čija je deviza da ljudi nisu baš tako zli, ako se s njima postupa kako treba, i da se kormilo ne sme ispuštati iz ruku, bez obzira na udarce slepe (ili nečim nedokučivim zaslepljene) sudbine, udarce tako raznovrsne: »Sarađuj sa sudbinom, to«, govorio je, »ne znači mirno se predaj i čekaj šta će biti, ni u kom slučaju!«, a držao se, takođe, gledišta da marljivost i upornost donose svoje, makar i škrte plodove, i da usrdnog truda i razboritog delanja nikada ne može biti previše u ovom surom, neiskalemljenom svetu, gde trnje i divlji žbun skrivaju cvet i lekovitu travu. Zna Jul i to da je Eneja u svojim lutanjima i borbama preturio preko glave mnogu teškoću i muku, doživeo svakojake gubitke i nesreće, suočio se sa svakojakom grozotom i bolom koji ne pada svakome u deo, ali da i pored svega toga nije izgubio suzdržljivost i trpeljivost, koje se mogu nazvati i brigom za druge — u tome je bila njegova pobožnost. Umeo je da kaže: »Svakome je potreban oslonac i zato sam se trudio da budem i ostanem postojan. Po-stojan! Jer ako nema nikog u koga se možeš pouzdati, nema ni vrline, ni pravičnosti. Ni spokojstva.« Zna Jul da sreću Eneja nije video u pustolovnim putovanjima, pa ni u pobedama koje je izvojevao, već ponajviše u šišanju žive ograde u svojoj bašti, na kraju, u sađenju kupusa i krastavaca — (o tajanstvenoj, davnašnjoj romansi sa Didonom nije se nikada govorilo, o tome Jul nije mogao ništa reći). I sad, slušajući Eneju, koji s tim rečima na usnama, »da smo i tamo i ovde, istovremeno«, izgleda kao da će, izgovorivši ih, zaspati, Jul oseća strah pred nepoznatim, blistavim gradom koji Eneja vidi, strah kakav do tada nije iskusio, izazvan, čini mu se, osećanjem da je iza Enejinih reči nevidljiva, mukla neumitnost da se priđe nepoznatom, možda sub umbras. Eneja vidi neizgovoreno pitanje na sinovljevom licu i smeši se. »Po-stojan, razumeš?« kaže.

STANJE U TRISTANOVOM MOZGU

»Lepota je obećanje sreće«, ta je misao formulisana dosta posle Tristanovog vremena, nezavisno od njega, i kao takva je privukla pažnju istraživača. Ali, već i u ono vreme svako ko bi video Izoldu, ma bilo samo na tren, makar strmoglavce padajući niza zidine zamka i prolećući kraj nje dok zamišljena stoji na prozoru, došao bi na tu pomisao. Lepota je njena bila takva da joj se teško iko mogao oteti, a već kakvu je ko sreću zamišljao sanjareći o njoj, o tome bi se mogle napisati mnoge debele knjige. Neobjašnjivo je stoga otkud ona dosta široko rasprostranjena zabluda kako je upravo Tristanu najpre bilo potrebno da se napije soka od ljubačca i majčine dušice da bi se zaljubio u Izoldu. Tačno je, on je taj sok pio, kao što su ga pili i drugi vitezovi, ali njegova ljubav ni najmanje nije bila uzrokovana time; uzrok je bilo dalekosežno, do na dno duše ponirući obećanje njenog lika i stasa, čije je, zar, ostvarenje ono najviše što čovek uopšte sme očekivati. Da, da, lepota je obećanje sreće, a kod Izolde je to, osim toga, značilo još i dubinu bića, tananu osećajnost, vedru misaonost, duhovnu i svaku drugu otmenost, nežnost, visoki ukus, mudrost... — Postoji li ovo u bilo kojoj ženi i da li je ikad postojalo? Ili postoji samo kao »obećanje«? Eh...

U svakom slučaju, kada se kaže da je lepota obećanje sreće, onda se upravo u vezi sa Tristanom odmah mora postaviti i pitanje:

čija lepota? Jer video je Tristan mnoge lepotice, tukao se za njihov smešak na turnirima, kako su običaji nalagali, osakatio je mnogo kojeg nesrećnika, najčešće ni krivog ni dužnog, da bi stekao pravo da se pokloni pred damom zvezdanog čela i vatrenih očiju, a otimao je i zlato, koralne ogrlice ili bisere od razbojnika ili drugih, nevaljalih vitezova, opet shodno običajima doba, kako bi prva lepotica, kraljica Kornvala, ovima mogla još bolje da istakne crte svoga lica, svoj vrat (kao u labuda), svoja prsa. Međutim, samo je Izolda probudila u njemu onaj titraj koji se više nije smirivao niti se mogao smiriti. Dakle, ima slučajeva lepote koji su naročiti po tome što je ona za nekoga, a možda i za mnoge, jedinstvena i nezamenljiva, i tek tu se s punim pravom može govoriti o njenom uznosećem delovanju koje budi nadu i svakojaka očekivanja. Izolda je za Tristana bila nezamenljiva, bila je još nezamenljivija nego za druge, što znači: nijedna druga žena, ma koliko bila zanosna, makar se i sama zvala Izolda i uz svoje čari pružala još pola sveta, zemaljsku moć i jasan uvid u nebeske tajne, nije mu mogla »dati«, bolje reći: biti obećanje sreće. Samo ona je to mogla, nasuprot svim tvrdnjama starih mudraca da bi lud bio svako ko bi mislio da je lepota na jednom telu nešto drugo, više ili bolje nego na nekom drugom. Da, samo je ona navešćivala svekoliko zemno milje, čudesno blaženstvo, ukoliko dođe do dodira, ona i niko više; obećavajući se, viđena — obećavala je sva neba do sedmog, a i njega, zajedno.

Neki i ovu nezamenljivost, ovu na svoj način preteranu fiksaciju za Izoldu, opet tumače delovanjem napitka od ljubačca i majčine dušice. Mi i sami izuzetno cenimo farmakologiju — gde bismo danas bili da nije nje! — ali u ovom slučaju to je naprosto pogrešno. Treba znati u kakvom je stanju bio Tristanov mozak nakon što je jednom ugledao Izoldu, a pogotovu posle dužeg gledanja u nju; kad se to zna i shvati kako treba, izlišno je posezati u tumačenju cele te stvari za dejstvom čarobnih ili bilo kakvih drugih napitaka.

A stanje u Tristanovom mozgu bilo je ovakvo: od 360 hiljada milijardi međućelijskih veza unutar moždane mase (to su, u stvari kao neke dlake između ćelija, koje se na krajevima cepaju načetvoro i tako se na raznim tačkama prikopčavaju na njihove zidove, prenoseći odgovarajuće impulse), 260 hiljada milijardi bilo je zaposleno doživljavanjem Izolde, bilo u vidu raznih aktivnosti svesti na javi, bilo u obliku snova; 80 hiljada milijardi tih fino ispredenih spona radilo je na svemu onom što je bilo u vezi sa mačevanjem, rukovanjem kopljem i štitom, jahanjem, čišćenjem oklopa i, uopšte, u vezi sa tučnjavom; a 20 hiljada milijardi — kad se bolje pogleda, nije to ni tako malo — bilo je angažovano na svemu ostalom. Je li tu posredi svojevrsna neravnoteža? Naravno, ljubav i nije drugo do neravnoteža, što ne mora odmah značiti i neuravnoteženost. Izolda je potpuno bila zaokupila Tristana, a kako da ga i ne zaokupi. Takva lepota! Mozak je njegov, inače, sa medicinskog gledišta, funkcionisao sasvim skladno.

Kada stvari ovako stoje, da li je, s obzirom na sve rečeno, poželjno postaviti pitanje o najboljem načinu da se do lepote doista i dođe, da se obećanje koje ona znači iskoristi, da se, tako reći, ishodi njegovo ostvarenje? Po svemu sudeći, a kada se poznaje Tristanov slučaj, takvo pitanje ne samo da nije suvišno, ono je neophodno. Ako neko već u svom imenu nosi tugu, to ne sluti na dobro i s razlogom se mora strepeti za njegovu sreću.

Između sebe i Izolde Tristan je položio mač. To plemenito sečivo kovalo je devet kovača devet meseci, a desetog su ga ukrašavala tri najbolja draguljara, te je blistao kao sunce u oku vile i prelivao se kao duga na nebu. Tristan je njime osvojio sebi slavu i, što je važnije, mogao je njime da pokaže pravac. Šta čoveku još treba! Ali, nije taj viteški znamen od čelika bio ono što je Tristanu prečilo da spusti ruku na Izoldu, koja je mirno ležala kraj njega na mahovini s druge strane mača. Oštrica koja mu to nije dala išla je kroz njega samog, ako se tačno uzme, kroz njegov mozak. Bila je vrlo tanka — ako ju je činila tek koja stotina miliona neuronskih prepleta među moždanim ćelijama, ali tako nezgodno izabranih i na tako nezgodnom mestu da se Tristan bolno posecao na nju i ranjavao svoje biće i kada je pokušavao da dodirne sreću koju je Izolda ovaploćivala, što nije išlo, i kada to nije pokušavao, jer ona je bila tako blizu. Sreća je bila na dohvat ruke, ostajući pokraj Tristana, ni dalja, ni bliža.

Da li sve što postoji mora biti takvo kakvo jeste? Nauku treba zadužiti da što pre dođe do odgovora na ovo pitanje. Koliko je (za sad) tajanstvena nužnost sreće, kada je čovek doživi, osećajući da se odigrava nešto neodoljivo i neumitno, toliko je, ako ne i više, tajanstvena (za sad) i nužnost nesreće; poletnost, koja prati sreću, ostaje neshvaćena isto kao i sputanost, koja prati nesreću, i gotovo da nema razlike da li im se neko pri tom naprosto prepušta ili se, naprotiv, oko njih, a naročito oko sputanosti koja muči, trudi svim svojim umom. Pa ipak, reklo bi se da je nužnost sreće od druge vrste nego nužnost nesreće. Zanimljivo je i neobično, međutim, ovde to da u Tristanovom mozgu ni jedna jedina ćelija nije bila upregnuta da razmišlja o smrti. U toj šumi sve je, pa i tanko unutarnje Tristanovo sečivo, bilo s ove strane, tu gde je život. Misao o vremenu i kraju nije se uopšte javljala.

HAMLET U ZASEDI

Hamlet se, kao što je već i na drugim mestima donekle opisano, stalno — jer malo je reći: često — kolebao, i nije jedna, mnoge su i raznolike životne prilike i neprilike, koje su silile na odluku, izazivale u njemu prezavu pomutnju, smućujuću prezavost, koja svaku odluku odlaže ili potpuno suzbija nezaustavljivom borbom razlogâ i protivrazlogâ. Odnosilo se to na stvari značajne, kao i na one od male važnosti, s tim što se ponekad umelo pokazati da je ono što se činilo neznatnim bilo zapravo zametak ili mali znak nečeg odlučujućeg, kao i obrnuto, da je ono za šta se mislilo da je najkrupnije i najdragocenije samo vetrom uskovitlano trunje. Ta nemogućnost da se s pouzdanjem oceni značaj pojedinih zbivanja i postupaka, ta stalno preteća mogućnost da vreme, ponekad vrlo kratko vreme, iz temelja preokrene sud o stanju stvari, svrsishodan napor učini uzaludnim ili, što je isto, pokaže da je ovaj od početka bio takav, ta želja da se zna pre nego što se stane delati, koja je, međutim, vazda osujećena, te se vazda dela pre nego što se zna — zar je to moglo učiniti Hamleta samouverenijim, mirnijim; — suvišno je i pitati, makar bilo i retorički: to je samo potpomagalo da nedoumica bude njegovo trajno stanje, a odsustvo oslonca, lebdenje u praznom svetu, pipanje u mraku (kao u kakvom podrumu ili tamnici) — svakodnevna stvarnost.

Da li da studira u Vitembergu ili ne? Da li da uopšte studira? Zar studije donose ikakvo znanje? Ako i donose, zar je to ono znanje koje je čoveku potrebno? Da li je čoveku znanje uopšte potrebno? Nije li bolje samo osećati svet srcem, neposredno? A možda ipak postoji univerzitet na kojem je moguće saznati ono što je važno? Vitemberg — da ili ne? Studije — da ili ne? Znanje ili neznanje? Java i računica ili san i snovi?

Kao što je rečeno, ne treba misliti da je samo ova vrsta životnih pitanja stavljala u pogon Hamletov dijalektički um. Ako bi mu se u šetnji za čarapu zakačio čičak, on bi se isto tako kolebao da li da ga odstrani ili ostavi, čime da ga ukloni, ako uopšte treba, rukom ili mačem, prutom ili drugom nogom, odmah ili kasnije. Ako je Bog već stvorio čičak, sa svim njegovim svojstvima bockavosti i lepljivosti koja čine čičkovnost, onda svakako mora postojati i neki razlog, iako na prvi pogled (ili čak zauvek) možda neproziran, zašto se on upravo tog dana zakačio upravo za njegovu nogu. Možda će pokret kojim će ga skinuti sa sebe i baciti ga u travu biti prvi u lancu koji vodi ko zna kuda i možda je sama promisao udesila da zakačinjanjem i skidanjem zelene kuglice taj lanac počne. Ali, možda on uopšte ne treba da počne? Možda u tom času bezbrižne šetnje treba misliti na nešto sasvim drugo i napraviti neki sasvim drugi pokret, čime počinje ko zna koji drugi lanac zbivanja, a na takve gluposti kao što je čičak uopšte ne treba obraćati pažnju. Dakle, čičak — da ili ne? Šetati se — da ili ne? I tako dalje.

Na posebno zaoštren način javljala su se razna pitanja u vezi sa Ofelijom. Da li on nju voli? Da li ona voli njega? Da li da se oženi njome? Nije li ljubav, ako uopšte postoji, osuđena na smrt ili bar na kvarenje ukoliko dođe do braka? Ili će tek u njemu ona dobiti pravu vrednost? Da li je uopšte dobro oženiti se? Znači li to obavezno isto što i biti rogonja? Je li neverstvo prirodno i nužno, ili je slučajna, premda česta pojava, koja se ipak može izbeći? I kako je zaista izbeći u tom, povoljnijem, slučaju? Šta ako ga Ofelija ne voli, ili ga možda voli ali nedovoljno, pa se udaje samo zato što je on tako blizu trona, kao što bi se neka druga udala za nekog drugog samo zato što taj ima kočije? A ako ona nije unapred zagrejana za njega samog po sebi, kako će on onda udovoljiti svom muškom zadatku, onome što ženi, svojoj ženi, kada je jednom već to, u svakom slučaju duguje? Ofelija je, to je očigledno, severnjački hladna, njena lepota je dobrim delom u tome. Kada u srcu devojčinom postoji ona naročita prethodna zagrejanost za nekog, to je moguće savladati. Ali, ako takve prethodne zagrejanosti nema, kako onda razlučiti posledice njene hladnoće od posledica sopstvene neveštine u ljubavnim stvarima? I zar da se on bavi ovakvim pitanjima, nije li njegovo pozvanje na svetu nešto sasvim drugo! A da se oženi nekom južnjačkom uspaljenicom? Da ode u manastir? Da pošalje Ofeliju u manastir? Kraja tome nema.

Kad je reč o vlasti, kolebljivost Hamletova ukazuje se u nešto drugačijoj svetlosti. Ne da se Hamlet tu nije kolebao. Ali, tu je najveći broj odgovora iziskivalo pitanje *kako* a ne *da li*. Bledom, zamišljenom mladiću bilo je poznato da se vlast, kada se jednom zgrabi, više ne ispušta. Vlada se u ime Boga ili već prema tome. No, u čije god ime da se to čini, bitno je da se *vlada*, a ne u čije ime žezlo usmerava podaničke poglede — ovo drugo vlastodržac i njegovi pomoćnici, službenici i savetnici uporno i neprestano ponavljaju samo zato da bi se izbegli nepotrebni, otklonjivi sukobi s onima koji su podložni ubeđivanju, dakle pre svega s takozvanim narodom. Oni, pak, koji nisu voljni da u svakom trenutku i u potpunosti prihvate neospornost objašnjenja »u čije je to ime« moraju biti uklonjeni, najbolje sa lica zemlje uopšte. Što je sasvim logično, šta ima važnije od vlasti. U tom smislu je, recimo, Hamlet ušao u sukob sa Gildensternom i Rozenkrancom dok su svi zajedno plovili lađom i, da se sad ne duži nepotrebno o tome, prvog gurnuo u more dok je drugom gurao mač u utrobu onoliko puta koliko je bilo potrebno da se ovaj rastane sa životom.

Klaudija, koji se prestola dočepao pomoću ubistva, pratio je Hamlet dosta dugo, birajući trenutak (drugim rečima, kolebajući se) kad da udari. Zatekavši ga jedne večeri gde kleči, zamišljen, u kapeli, gotovo kao da se moli, upitao se kakvim li se to mislima nosi taj u krvi ogrezli tiranin. Setio se pompe njegovog iz zločina proisteklog krunisanja, njegove razmetljivosti kad je govorio o svojim pobedama, njegovog gadnog osmeha dok bi objašnjavao da je surevnjivost, »razume se«, jača od svake pameti a gramzivost, »pogotovu«, od časti, te da samo treba znati kako se time služiti, kako, našavši se na vrhu, razviti doušništvo i sveopšte podozrenje svakoga prema svakome, pa je vlast za sva vremena obezbeđena. Prišao mu je tiho, s leđa, i zabo mu mač u levi bubreg, na šta je Klaudije pustio od sebe samo jedno »auuu-vauuu-hrr«. Više ništa. Sudskomedicinski nalaz, u današnjem značenju reči, nije nikad ni sačinjen ili barem nije sačuvan, tako da ne znamo da li je ovaj udarac bio smrtonosan zato što je bila oštećena i kičma ili sa kojeg tačno razloga.

Neke sitnije ličnosti na svom putu, kao Polonija, na primer, uklonio je Hamlet s manje sustezanja, da ne kažemo veselo. »Gle, pacov!« uzviknuo je zabadajući mač u Polonija, koji se šunjao iza zavese, misleći da uhođenje može proći nekažnjeno. O Klaudiju se Hamlet još i pitao: »Treba li da bude ili ne treba da bude Klaudija sad?« — i na osnovu tako usmerenih razmišljanja je, sve ako i bez jasnih zaključaka, delovao. Oko Polonija se nije toliko trudio.

Što se Fortinbrasa tiče, Hamlet je imao u vidu njegovu robustnu prirodu, računao je s njegovom hitrinom u mačevanju, oštro njegovo oko kao, uostalom, i oštrina samog mača kojim se onaj služio nisu mu bili nepoznati. Odnos cilja i sredstava, kad je posredi kruna i sve ono ostalo što uz nju ide, i jasan je i nije jasan. Jasno je da moguća ugrožavanja treba predupređiti, ali često se predupređivanje izvrgava upravo u prizivanje opasnosti, te granica poželjnog delovanja muževne, državničke volje, ta granica mudrosti, postaje neodređena: opreznost često sprečava kobne posledice preterane odlučnosti, ali i sama ume da bude kobna, ako je preterana. Samo, šta znači tu »preterana«? Stoga se danski kraljević, na način sebi svojstven, dugo dvoumio kakve korake da preduzme u toj stvari s Fortinbrasom. I, evo, rešio je da mu postavi zasedu. Sedi iznad glavne ulazne kapije u Elsinoru, u kamenom udubljenju koje ga čini nevidljivim, s mrežom u rukama. Osluškuje. Kada Fortinbras kroči u kapiju, baciće na nj mrežu u koju će se ovaj zakobeljati, a onda već... Mrkla je noć, pozni čas. Kao da čeka neko priviđenje, a ne mišićavog Fortinbrasa u zveketavom oklopu, Hamlet se trza na svaki zvuk. »Smiri se«, veli sam sebi, »sve je dobro izračunato.«

IV

ORFEJ
ili
UMETNOST FUGE

Već dugo su oni dole znali kako zapravo treba oceniti to što se zbiva između Orfeja i Euridike. Preduzimali u prvi mah nisu ništa, ali su ih držali na oku; gledali su i — videli. U stvari, sreća je slepa i gluva za vreme; kao i sve drugo, doživljava se, doduše, u vremenu, ali je ona sama van vremena. Izvodi iz njega. Zato sreću, ono zarenje u njoj i mir, nauka uglavnom i ne ispituje, ona to s ravnodušnošću (tu vrstu nemoći još je ponajbolje nazvati tako) prepušta filozofiji, ali, pošto je i ova najčešće nemoćna pred srećom, suština tog neobičnog stanja ostaje naprosto nerazjašnjena. Stoga, reći da su uglednici podzemlja »već dugo« znali kako »zapravo« treba oceniti slučaj Orfeja i Euridike, ne znači da su oni imali neke naučno zasnovane nalaze, niti pogotovu znači da je ovo dvoje možebiti živelo s osećanjem prolaznosti ili nekim znanjem o trošnosti u vremenu. Sasvim slobodni od svakog »dugo« ili »kratko«, oni su se naprosto voleli, voleli su jedno drugo potpuno i potpuno otvoreni za priticanje ljubavi onog drugog u sopstveni život: blagodat takve otvorenosti i potpunosti bila je vanvremena sreća, o čijoj pravoj prirodi nauka (kao ni podzemlje) ne zna ništa, o čemu filozofija i pesništvo ako ponešto slute, a koju ljubavnici, zagledani jedno u drugo, svojim bićem ovaploćuju svuda i bez prestanka.

Sprečimo odmah brzoplet zaključak da bi naznačivanje granicâ nauke trebalo razumeti kao potcenjivanje ili čak kao prezir prema njoj. Daleko od svakog nipodaštavanja, uočavanje granice upravo ističe njene, uostalom znatne, mogućnosti. Zar će iko poricati vrednost opisima pojedinih scena iz života Orfeja i Euridike, koje sada, konačne i neosporne, imamo zahvaljujući nauci! Svaki takav eventualni pokušaj bio bi nedopuštena i obesna lakomislenost. Stare, mutne mitološke priče ustupaju mesto doduše nepotpunom ali jasnom saznanju, činjenicama proverenim i neumoljivim.

Jeste, sreća, a naročito sreća ljubavi, ne može se raščlaniti ni objasniti, ali može se osvetliti, sagledati. Posebna teškoća sa Orfejem i Euridikom je, dabome, u tome što je njihova ljubav bila ljubav u iskonski čistom stanju, kakva se, koliko je nauci poznato, više nikada nije ponovila. Svakome znano uverenje mnogih potonjih ljubavnika da je upravo njihov slučaj neponovljiv, da je jedinstven po nepomućenosti (recimo i: nezamućenosti) njihove ljubavi, po ustreptalosti i zamahu duše, nesvesno je sećanje na ovaj iskon, njegov je odsjaj, i dešavalo se da on, *kao odsjaj*, ali samo tako, zbilja i bude nešto na svoj način jedinstveno i neponovljivo. Uostalom, ljubav je tako retka i dragocena pojava da je i dobar odsjaj velika stvar. Nauka je toga svesna. Zna nauka za to. Što je njoj lakše da se bavi takvim odsjajima iskonske ljubavi nego iskonom samim, sasvim je razumljivo — iskon se izmiče. Ali, pri tom se on ljubopitljivom, pažljivom, a uz to i školovanom oku nikad ne uskraćuje u potpunosti. Saznati ponešto o njemu ipak je moguće. Naravno, naravno, na ovo će nam odmah reći, i ne bez izvesne podsmešljivosti, čak zluradosti: »Šta znači otkloniti jednu zabludu, ili čak mnoštvo zabluda, nasuprot uvek mnogo većem mnoštvu zagonetki koje pri tom svakako ostaju, koje se, štaviše, upravo s otklanjanjem nekog pogrešnog gledišta tek i pojavljuju na znanstvenom obzorju!« — Odbacujući odlučno sastojak zluradosti, kao nešto naučne rasprave nedostojno, s ovom se primedbom valja složiti utoliko što, doista, u Orfejevom slučaju mnogo štošta još čeka da bude objašnjeno. Osim toga, uvid u to s kakvom su se neodgovornošću davale izjave, postavljale hipoteze ili izricale tvrdnje o svemu što se događalo između pevača i Euridike mora izazvati začuđeno dizanje obrva, pa i prekorno klimanje glavom — i to ne samo u naučnim krugovima. Ali, s druge strane, nije malo ni onoga što se u međuvremenu iskristalisalo kao izvesno. Ozbiljni istraživači, kojima na srcu leži pre svega istina, moraju poći upravo od toga ukoliko teže razbistravanju još uvek spornih tačaka, razbistravanju za koje je, da se i to odmah kaže, krajnje vreme.

Danas više ne podleže sumnji da su se događale ovakve stvari:

Orfej se popne na drvo, šćućuri se u sredini krošnje i, grleći deblo kao kakvog starog prijatelja, vežba se u cvrkutanju. Euridika sedi pod drvetom, na livadi, i sluša ga. Na licu joj lebdi meki sjaj predvečerja — još malo pa će se spustiti visoka letnja noć, primiču se zvezde, povetarac kao da je malaksao i ne smiruje se potpuno samo zbog mirisâ koje još valja da raspodeli poljem: milje gledanja upotpunjuje milje disanja, slast slušanja. Idila. Kada Euridika ustane, traži pogledom po krošnji tu »ptičicu« i poziva ga da pođu u šetnju. Orfej se izgovara da nije dovoljno vežbao, da mora da radi, posao je valjda važniji od lunjanja, neka se ona još malo sama nekako zabavi. Ima vremena, a on je i inače u zaostatku. Euridika je suprotnog mišljenja, i njoj se čini da »ima vremena«, ali za njegove poslove, nagovara ga na razne načine da siđe, mami ga i umiljava mu se, zasmejava ga, jer on ne može u istom trenutku da se smeje i da cvrkuće, na kraju mu preti — »ako me voliš...« »Ne volim te i neću da siđem«, odgovara Orfej. »Kako se usuđuješ da me ne voliš«, kaže Euridika. Drvo, koje nedovoljno ili suviše bukvalno razume ljudski jezik, strese se na te reči. Zapravo već i na njegove, pa onda i na njene. Orfej se smeje i, odustajući od daljeg vežbanja, tiho pevuši pesmicu koju Euridika voli: »Drvoseča da sam ja...« (na šta se, čuvši to, drvo opet s neprijatnošću strese). »Uostalom, baš me briga«, kaže Euridika i okreće se. Orfej je posmatra kako odlazi. Tiho skače na zemlju, prilazi joj nečujno s leđa i zatvara joj oči rukama. »Pogodi ko je«, šapuće izmenjenim glasom. »Ne znam«, veli Euridika, i opipava njegove ruke, bradu, vrat, istražujući vidovitim prstima; miluje ga po licu i posle mnogih pretpostavki, koje Orfej redom s negodovanjem odbacuje, zaključuje da to mora biti neki opasan šumski vilenjak koji spopada usamljene šetačice, možda čak i sam požudni Pan, ali — dodaje — ona se njega nimalo ne plaši, nikakvu paniku ne oseća. I neće dalje da pogađa. — Po osmehu na njenom licu, drveće unaokolo, uključujući i ono s kojeg je Orfej skočio, počinje da razumeva pravi smisao razgovora i da se tiho smeje. Kamenje se takođe smeška. Čuje se odobravajuće mrmljanje obližnjeg izvora. »Drvoseča da sam ja, a ti da si dama, da l' bi i onda želela ljubav među nama«, pevuši Orfej Euridiki u potiljak, gledajući njenu veoma belu kožu iza uveta. Ona se okreće prema njemu, ali u taj mah on je brzo podiže u naručje, nosi je nekoliko koračaja a zatim kreće u trk poljem. »Otmica«, viče, »zgrabio sam te, sad si gotova!« Euridika mu sklapa ruke oko vrata, izvija se jednim pokretom koji kao da je iz sveta nekih drugih fizičkih zakona, tako da, privijena uza nj, ona više nema težine. Dok trči ka obližnjem šumarku, Orfeju se sa svakim korakom sve više čini da leti, da je uzlebdela Euridika u njegovim rukama sila koja ga nosi uvis. Nadomak gaja, Euridika se najpre opušta i Orfej u tom trenutku oseti stisak njenog zagrljaja: staje, a Euridika, kao da je to i želela, traži njegov pogled, da bi sprečila razdraganost da se raspline i usredsredila je, još jednom, u tom zastanku, na svoj lik; onda ponavlja isti onaj pokret koji je smelom otmičaru čini tako lakom i ljubi ga. Orfej tada, u tom istovremenom uzvinuću i tonjenju, oseća samo još njene usne na svojima. Poljubac tako zastalog Orfeja dug je kao Mesečeva plovidba nebom te noći.

Ili ovo:

Euridika leži na žalu i posmatra Orfeja kako pliva pored obale, pevajući. Privučeni pesmom, oko njega se okupljaju jastozi, ribe, sipe, crne dubinske kornjače, korali, čak i nekoliko morskih konjića, koji su inače u zoologiji poznati sa svoje nemuzikalnosti. Pošto se umorio, Orfej bi izašao, ali da cela ta ponesena podvodna fauna ne bi krenula za njim na kopno i podavila se, on pliva još izvesno vreme ćuteći, da ih zavara, ne bi li se polako razišli svako svojim putem — na kraju se gotovo iskrada iz mora. One koji su i pored svega lakomisleno krenuli za njim baca nazad u vodu šapućući im nešto. Zatim se sklupčava kraj Euridikinih nogu da bi se odmorio. Sunce ga brzo zagreva, on oseća toplotu peska, toplotu Euridikine kože, toplinu koja mu se širi grudima. Euridika hoće da ustane, ali on ne želi da se odvaja od nje i, da bi je zadržao, ljubi je po stopalima, po tabanima: jedan po jedan prst, donožje, pete. »Nemoj«, kaže Euridika. On je ne sluša, ljubi je po člancima, po listovima, po kolenima, nežno i strasno istovremeno;

ona na svojoj koži oseća i mekotu usana ali i tvrdinu njegovih zuba. »Nemoj to«, ponavlja ona. »Dobro«, kaže Orfej: podiže se na kolena i, klečeći, zatrpava oba Euridikina stopala peskom. Na brdašce koje tako nastaje spušta glavu, kao na uzglavlje, i uskoro spava. Euridika posmatra njegov obraz zagnjuren u pesak i misli kako je to veoma neudoban položaj, no, kada joj uskoro potpuno utrnu obe noge, shvata da je njen položaj još neudobniji. Oseća želju da pokrene stopala, ali, time bi razorila malu humku na kojoj Orfej spava. Micanje bi ga probudilo, a ona nikako ne želi da mu kvari počinak. »Hej, zarobio si me, dremljivko, moram malo da se pomerim«, kaže tiho Euridika. »I tebi je tako nezgodno, hodi gore kod mene«, šapuće. Pošto se Orfej ne budi, ona jedno vreme samo zamišlja kako bi bilo prijatno kad bi malo pokrenula barem prste na nogama. »Malo ću se sada pomeriti«, kaže. Sunce se polako spušta ka moru i sve je blaže i blaže. Euridika, pošto više uopšte ne oseća svoje noge, pokušava da ublaži osećanje sputanosti time što zavlači šake u pesak i lagano ih miče, zatim sve jače i jače, dok ponovo ne izroni njima gore. Potom ponovo, s primesom izvesne borbenosti, zariva šake dole — ceo postupak se ponavlja. Pošto joj se čini da se Orfej osmehuje u snu, Euridika misli da on sad sigurno sanja kako trči ili barem hoda, zastajući s vremena na vreme da bi se podigao na prste i protegao se. »Naravno, veoma lep san. Ali, sad ću stvarno početi da se mičem, čuješ li, spavalico jedna«, šapuće Euridika. (Naravno, mi danas znamo da se ona prevarila i da je Orfej u tom trenutku sanjao nju, i to kako preskače konopac i svoje skakutanje propraća veselom nabrajalicom.) Razmišlja šta bi bilo kada bi ga neki talas zapljusnuo i probudio ga — iskoristila bi trenutak. »Talasiću, dođi, spasi me...«
»Na kraju krajeva, jednom se ipak mora pro-

buditi«, prolazi joj kroz glavu. »Medvede jedan uspavani...« — Sunce lagano tone u more.

Orfej i Euridika se igraju »makova«. Igra je u tome ko će prvi ugledati što više makova kraj puta u polju i pokazati ih onom drugom. Pravila nisu baš sasvim određena, nejasno je kad sabiranje počinje i kad se završava, a budući da takmičari idu jedno pored drugog, često nema načina da se pouzdano ustanovi ko je prvi spazio cvetove.

U igri je dopušteno »zagovaranje« protivnika kojim se odvraća njegova pažnja od nalazišta bulki, ali šta sve tačno spada u »zagovaranje« nije precizirano. Orfej traži da mu se izrazito veliki cvetovi priznaju kao dva poena, ali Euridika to odbija. »Cvet je cvet.« Kada neko ugleda mnogo makova odjednom, onda ih oboje pažljivo prebrojavaju i, razume se već, vrlo često dobijaju različite rezultate. »Zagovaranja« prilikom prebrojavanja ne bi trebalo da bude, ali ponekad ideje o novim oblicima »zagovaranja« stanu navirati upravo dok se broji. Prebrojavanje se onda više puta ponavlja, sa sve novim rezultatima, dok se ne zaboravi prethodno stanje, tako da se na kraju broj poena mora odrediti otprilike. Branje cvetova je strogo zabranjeno, to je jasno i nedvosmisleno pravilo. »Evo ih, moji su!«, uzvikuje Orfej. »Sedam«, obuhvata ih jednim pogledom Euridika. Posle samo nekoliko koračaja on ugleda još pet. Idu dalje, i Orfej oseća kako mu je pomalo žao što vodi s tako velikom prednošću — smišlja kako da prvo sledeće nalazište namerno prepusti njoj. To, naravno, mora da bude izvedeno vešto, tako da ona ne primeti da joj popušta u nadmetanju, jer će u suprotnom njena radost biti umanjena, odnosno neće je uopšte ni biti. Dok Orfej sanjari o svojoj viteškoj velikodušnosti, koju će lukavo prikazati kao trenutnu rasejanost, Euridika ga dodiruje malim prstom i pokazuje mu ćutke nešto što teško da se uopšte može nazvati nalazištem: čitava padina je prasak crvenila, trava se od makova gotovo i ne vidi, brojanje se čini nemogućim i bespredmetnim ... Ipak broje, ali Orfej posle tristotog maka odustaje i predlaže da trenutni rezultat bude 500 prema 12. »Ima više, ali u redu«, prihvata Euridika sležući ramenima. Taj pokret je sušta ljupkost i polen nežnosti pada po svim kutovima Orfejevog srca. Kreću dalje, Orfej nesigurnim korakom, pred očima mu još titraju jarki cvetovi. »Gledaj malo u nebo da odmoriš oči«, kaže smeškajući se Euridika. Orfej i ne pomišlja da bi to moglo biti zagovaranje i zaista za tren podiže pogled uvis. Zatim žmuri, prepuštajući se Euridikinom voćstvu. Idu tako nekoliko koraka. Utom mu Euridika kaže: »Vidi ovo«, i pred očima mu puca potpuno crvena dolina za koju dotad nije znao. To nalazište svih nalazišta, nalazište iz snova, koje bi se moglo zvati »Makovo more«, čine hiljade i hiljade cvetova, unedogled. Orfej ozbiljno posmatra novi prizor, taj prezasićeni pejsaž, zatim se okreće ka Euridiki i kaže joj: »Izgleda da si pobedila...« »Izgleda?« »Ne, ne, pobedila si, gotovo je.« Euridika se zadovoljno smeje i priznaje da je predeo već ranije proučila, da ga je smišljeno vodila od jedne okuke do druge, s jedne staze na drugu, »prepuštajući ponešto i slučaju«. »Svejedno, moja pobeda je čista kao suza«, izvlači Euridika zaključak iz svoga priznanja. »Svakako«, kaže Orfej, »zavela si me, šta da se radi. Ti si varalica, ali tvoja pobeda je čista i sjajna kao sunce.« »Šta hoćeš«, kaže Euridika, »sledeći put kad se budemo igrali 'kamenčića', i tu ću te pobediti...« »U 'kamenčićima' sam nedostižan«, opominje Orfej. »Videćemo«, osmehuje se Euridika. — Prolazeći dolinom Euridikinog trijumfa, s njenom rukom u svojoj, Orfej i dalje povremeno sklapa oči, delimično i zbog prejakog crvenila uokolo, i razmišlja kako bi voleo da sve igre koje će još bilo kada igrati s njom — izgubi. »U stvari, najlepša moja pobeda je kad ona pobedi i raduje se.« Euridika gotovo nečujno pevuši: »... tamo je bila jedna planina...«

I tako dalje. Treba li nizati sve prizore na osnovu kojih je onima dole sve moralo biti jasno. Treba li, recimo, uopšte pominjati ono veče kada Orfej izvodi kraj ognjišta koncert koji dočarava godišnja doba, stvar u potpunosti dursku, savršeni jedan *allegro*, a Euridika sluša brade naslonjene na kolena, srkućući tamno vino iz čaše u kojoj se odbljeskuje plamen; u trenutku u kojem koncert dostiže vrhunac, Orfej joj prilazi i, ne prekidajući sviranje, klanja joj se otmenim pokretom, kao da joj pruža cveće. Po završetku, Euridika pljeska, dugo, ali ga onda prekoreva: »Ovde te sve sluša, i trupci kraj ognjišta, i stolice, i ponjave, sve se pretvorilo u uvo, i sam znaš kako je vino muzikalno i kako se uživljava — ne smeš tako očigledno i upadljivo izdvajati mene prilikom javnih izvođenja...« »Ja sviram samo za tebe«, kaže sasvim jednostavno Orfej. — Zar je čudo što su vlasnici podzemnih majura, sve i ne razumevajući suštinu, ipak jasno videli šta je tu posredi. Ni sve one naslage truleži koje su ih delile od gornjeg sveta nisu ih mogle sprečiti u tome.

Nauka zasad još ne može da odgovori na pitanje šta je njima u tome toliko smetalo. I zašto. Koja vrsta razmišljanja stoji iza toga. Izvesno je, svakako, da oni to nisu hteli da puste tek tako. Odluka podzemlja bila je: zaustaviti, pokvariti, uništiti. Kada čovek vidi sneg celac u njegovoj blistavoj i jednostavnoj netaknutosti, u njemu se odnekud budi želja da, gazeći ga i drljajući tamo i ovamo, pokvari tu savršenu, glatku belinu. Možda se odatle, po analogiji, mogu donekle naslutiti pobude podzemlja. Više od slutnje sada se ne može ponuditi. Da je želja za razaranjem opšti, sveprožimajući princip, to zasad nije dokazano, mada se nauka strpljivo bavi i tom hipotezom. Kako je da je, tek jednog dana, za zlatnih popodnevnih časova, dok je Orfej u kući pripremao osvežavajući napitak od nara, meda i ružinih latica za Euridiku, koja se bila zabavila napolju, odluka je stupila na snagu i oni poslaše zmiju.

Dovde je sve jasno. Nesumnjivo i provereno. Zbrka počinje od trenutka kada je Orfej sišao u had da spase Euridiku.

Zna se da je Orfej posle Euridikine smrti bio izvan sebe od bola. Manje je poznato na koji je način doneo odluku da siđe dole i pokuša da je izbavi. — Ako nje nema tu gde je on, onda on treba da ode tamo gde je ona — to je, u najkraćem, tok kojim su se kretale Orfejeve misli, kretale, mora se reći, zastajkujući, zapinjući, vrludajući — ne po tako pravoj crti kako bi se iz prethodnog iskaza moglo učiniti. Zgromljen nesrećom, sedeo je Orfej jedne večeri na istom onom žalu gde je zatrpavao Euridikina stopala peskom i tu je u jednom trenutku došao na ideju da svoj još uvek prilično neodređen plan podvrgne objektivnoj proveri pre nego što pristupi izvršenju. Trebalo je pustiti da pored bola progovori i nešto drugo, racionalno; očajanje je loš savetnik i odluke zamračene njime mogu biti pogubne. »Ako odskoči više od tri puta, idem!«, rekao je sebi Orfej. Dugo je tražio po obali odgovarajući okrugao, pljosnat kamen koji je trebalo da predskaže šta će biti ako krene, da odgovori treba li, sme li. Kada ga je našao, najpre ga je milovao, prinosio obrazu, šaputao mu nešto. Istraživanju bi, razume se, neizmerno pomoglo kad bismo znali šta je tačno Orfej tom prilikom govorio izabranom kamenu. Da li su razgovarali? O čemu? Ali, kako da se to sazna! Na žalost, kako sada stvari stoje, o tome se može samo nagađati. Orfej je govorio tako tiho, ko to da čuje. A pošto se i u mnogo čemu drugom nadalje može samo nagađati, možda je najbolje odustati od toga. U svakom slučaju, izvesno je to da je kamen, kada ga je Orfej hitnuo ponad mora, odskočio ne tri, nego najmanje petnaest puta, odbijajući se u sve kraćim razmacima o površinu vode, i potonuo tek pedesetak metara od mesta gde je vodu najpre dodirnuo. Prvi put od Euridikine smrti popustio je tada grč očaja na Orfejevom licu.

Kada bismo znali nešto više o tome šta je Orfej rekao kamenu i da li mu je ovaj, eventualno, uzvratio nekim odgovorom, moglo bi se više reći i o stepenu samopouzdanosti s kojom će dan kasnije ojađeni mladić krenuti dole. Ali, ne vredi se vajkati. Što ne znamo, ne znamo. Može se, ipak, osnovano pretpostaviti da je Euridikin dragan krenuo po nju s dosta odlučnosti, pribrano, bez malodušja. U ono vreme smrt je važila za stvar konačnu i nepopravljivu. No, koji bi to načelan razlog bio da se upravo ona shvati kao nešto nepopravljivo i konačno!? Orfej se, kako izgleda, bio približio pitanjima ove vrste. Preteruje se s tom nepopravljivošću. Možda je u samu neumitnost sudbine, koja toliko voli da se oglašava gromovima i svoje dejstvovanje najavljuje munjama, već uračunata i mogućnost korekcije, i to ne samo kada je u pitanju smrt; možda sudbina i nije baš toliko zaljubljena u nepovratnost koliko se priča, možda ona, pod nekim okolnostima, sama odbacuje svaku takozvanu »svršenu stvar« i otvara razne, nekad i neslućene mogućnosti, podrazumeva ih, štaviše, kao svoju najdublju suštinu? Naravno, potrebno je da neko samo počne da se nosi ovakvim mislima ... da i ne govorimo da se od umetnika ionako mogu očekivati svakakve stvari. Iako mu je pogled bio neobično usredsređen i veoma napregnut, Orfej uopšte nije primećivao zvezde ponad pučine što su, dok je sedeo na obali, bile naselile nebo. Ali, da li zbog nekog unutarnjeg svetlucanja ili sa čega već, pre no što će ustati, nemi pevač se u jednom trenutku čak nasmešio.

Put u šumu u kojoj se nalazi ulaz u donje prostore vodi pored potoka. Idući po žezi tim putem, Orfej je, to je utvrđeno, u više navrata kvasio noge u potoku, da se osveži. Čak je veliki deo puta prešao hodajući po kamenju koje je, oblivano talasićima, virilo iz vode. Čovek koji se zaputio tamo kuda se Orfej bio zaputio i koji pri tom misli na osveženja i okrepu ove vrste — bez sumnje veruje u sebe i u povoljan ishod svog poduhvata.

U nauci su vođene opširne rasprave o tome šta se dalje događalo. Zanimljivo je da se većina tih razmatranja, sporenja i uzvratnih osporavanja, usredsređivala na pitanje zašto se Orfej okrenuo i nije li u nekom smislu i bolje što je tako učinio. Ne možemo zatajiti da nas na ovom mestu hvata izvesna nervoza pri pomisli na sve ono što bi, u prikazu osnovnih obrisa rasprava koje su vođene, valjalo reći. Razloga za nervozu ima mnogo, ali je glavni, bez sumnje, taj što niko od tolikih učesnika u svim tim debatama, u stvari, ne zna šta se zaista desilo sa Orfejem i Euridikom. Duh privržen istini naviknut je da smireno odoleva iskušenju nestrpljivosti; lagani hod najbrže, a u svakom slučaju dovoljno brzo, dovodi ga željenoj meti. Tako onda i kad je reč o razmatranju svega onog što su o nekom predmetu govorili drugi. Ali, kada se bez poznavanja osnovne stvari sve uloži u objašnjavanje prividnih uzroka i još prividnijih posledica, onda se ne treba iznenaditi ako i najstaloženijeg učenjaka spopadne nestrpljivost ili ga skoli demon netrpeljivosti prema učenom, neretko i visprenom, neznanju. Da.

Evo, recimo, čak će i jedan Ernst Bloh napisati ovako nešto: »Snagom milozvučja koje je još mirno, ublažujuće, mada već i raskravljuje, prodro je Orfej u nepokretniji donji svet, ganuo je čak i furije, Iksionov točak se zaustavio, Euridika je skoro ponovo izašla gore na svetlost dana.« *Skoro!* Ovo »skoro« je zaista divno, nema šta. Kad nema ništa bolje, i »skoro« zlata vredi. — Dobro, ako se ima u vidu veličina smrti, ako se iz tradicionalne metafizike preuzme ideja o njenoj sveproždirućoj prirodi, nezasitosti koja ni pred kim ne preza, onda je i »skoro« nešto, pa čak i mnogo. Ali, reći ljubavniku koji nosi u sebi dušu kakva je Orfejeva, koji voli tako kako on voli, da je njegova ljubljena »skoro« živa, da je nedostajala samo trun da se vrati, to, čak i kada se ne želi tako nešto, liči na podsmevanje. Ovde, po svemu sudeći, nije postojala namera da se omalovaži Orfejev poduhvat, pa čak ni ishod pevačevog pregnuća. Naprotiv, želja je ponajpre bila da se ukaže na to kako je čovek u onim vremenima, makar bio i Orfejeve nadarenosti, »hteo, a pre svega i mogao da se suprotstavi toku stvari tek samo u ponečem«. Da, ali granica biti-ili-ne-biti tu je ipak i odveć oštra i značajna da bi jedno »skoro« bilo u stanju da uspostavi ravnotežu s Orfejevim poduhvatom, odveć je odsudna da bi to moglo biti protivvrednost onome čime pevačevo biće zrači. Uostalom, namera proučavaoca i komentatora u svemu tome i nije najvažnija, ono što je u tome bitno jeste činjenica da je stvarnost ustuknula pred sumnjivom pričom, što će reći da je sama početna pretpostavka pogrešna. — Ali, bože moj, zar je ona samo tu pogrešna. Toliki su već o tome govorili, toliki su se razlozi i protivrazlozi iznosili, a sve vazda na pogrešnim pretpostavkama.

Prema jednima, Euridika, tonući konačno u senovitu dubinu, odlazi s gorkom srećom kakvu osećaju oni kojima je važnije da budu voljeni nego da žive, kojima je više stalo da probude ljubav neodoljivu, ničim sputanu, nego da se spasu zahvaljujući oprezu, »meri« i »pameti«. Život bez ljubavi za njih i nije život, a je li ljubav još uopšte to ako je zauzdana razlozima, razblažena do hladne samokontrole, ako je otrovana poslušnošću pred svakakvim zabranama i uputstvima da se stvar odloži. Zar tavorenje u mreži svakakvih »Nipošto!« i »Ne sada!« nije ravno smrti! Nije li ljubav prâva jedino ako je bujno-neukrotiva, bezobzirna, ako ne pita za cenu, ako prezire jemstva izvesnosti! Zar može zgureni trgovčić, vičan računanju i predviđanju, da se meri sa umetnikom koji rado menja tunjavost i dremež mnogih sivih dana za jedan trenutak u kojem se duša pretvara u slobodan, blistav vodoskok; — jer takvi, do nerazaznatljivosti isti dani »nagrada« su strpljivima, na samoograničavanje spremnima. Ako se Orfej ne okrene, govorili su, Euridika će biti ponovo živa, ali će u Orfeju umreti Orfej-ljubavnik, dakle, živ će i on biti samo »sam po sebi«, ali ne i za njihovu ljubav kakva je jednom već bila. Sen Euridikina opet će postati Euridika, ali će zato Orfej biti samo senka Orfeja; a da li će onda i ona zaista opet biti Euridika... Bolje je, dakle, što se okrenuo, jer taj jedan tren njene spoznaje da je ljubav u njemu jača od svega preteže nad svim za čim bi mogla zažaliti.

Naprotiv, odgovarali su drugi, »neodoljivost« i žurba proistekla iz nje samo su znak slabe duše, odlaganje i samokontrolu tu treba shvatiti sasvim drugačije: ljubav je i inače u suštinskoj vezi s odlaganjem, je l' tako, otkud bi žurba u bilo kom pogledu imala nešto zajedničko s ljubavlju. Euridiki nije svojstvena plitka sentimentalnost niti je ona ikada bila u vlasti sujete onih bića nedoraslih ljubavi koja iznad svega cene unezverenu strast i podivljale emocije, pa da joj »neodoljivost«, zbog koje se on, eto, tobože okreće, bude uteha za izgubljeni život. Slučaj je stoga apsolutno (i neprihvatljivo) tragičan a okretanje utoliko dostojnije osude što Euridika tako umire zapravo po drugi put — ona jeste već sen, ali sen *in spe*: život je, pod određenim uslovima, opet moguć i tako reći već ponovo osvojen, pa se upropašćavanje te mogućnosti ne može nazvati drugačije doli novim usmrćivanjem.

Da, ali Orfej se okrenuo jer je *voli*, besmisleno je zatvarati oči pred tom činjenicom od koje sve počinje i sa kojom se sve završava. Osnovno pitanje tu jeste voli li on nju istinski ako se ne okrene, ako može da se savlada — jer to onda znači da je savladao upravo ljubav u sebi — ima li tu još ljubavi ako je njegova volja jača od njegove želje. On je *mora* odmah videti. »Strpeću se, pa ću je se nagledati posle«, tu misao može poroditi srce usahlo u verigama, ali ne i ono koje slobodno svetli ljubavlju. Uzdržavanje, koje donosi i kamate...

Koješta, ako on nju zaista voli, on je vidi i ne okrećući se; vidovit ljubavlju, on ima oči i spreda i pozadi, i sa strane, svuda, ima ih ako treba i po tabanima, i svim tim očima on samo gleda kako da je izvede odatle, nikakvog tu okretanja ne može biti — to je ljubav! — a ona, ona oseća da je on svu nosi u sebi, zna da ga sveg prožima i da se tako, upravo kao ljubav u njemu, pretvara u zadatak koji on, s njom i zbog nje, mora da savlada. Nikakve on potrebe nema da joj tu i tada »dokazuje« da je voli time što će se okrenuti, da! želja je u njemu živa, naravno, ali je živa i volja, i ta se volja nikako ne sme dovoditi u vezu s niskom računicom; to je upravo *ljubavna volja*, ono po čemu ljubav i jeste nešto više, da, da, mnogo više od proste čulnosti, i ima u sebi jedan tako reći moralni element.

Besmislica! Kao da se on okrenuo zato što je ocenio da »ima potrebe« i iz želje da Euridiki nešto »dokaže«. Kada se tako govori, samo se pokazuje da ne postoji ni minimalno razumevanje u čemu je suština ljubavi. Ljubav je energija, plamsanje nagona, i kao svaka energija, ona je hrljenje, da, da, hrljenje ka onome što je privlači, a ne promišljanje i odmeravanje šta je bolje i za čim ima ili nema »potrebe«. Suzbij tu energiju, ugasi taj plamen, ustoliči mudrost i logiku — okretanje je zbilja »nelogično«, naravno! kakve tu logike može biti — i onda nema nesreće, sve je predviđeno i obezbeđeno, ali nema ni ljubavi, nema ni života, jer život ne počiva na logici, nego na energiji — nema ničega. Trenutak u kojem se Orfej okrenuo, u kojem su im se poslednji put sreli pogledi, ovaploćenje je ljubavnog principa, on je velika metafora života koja može služiti kao njegovo merilo, iako je već sledeći trenutak Euridikina smrt. Za gustinu tog trenutka nema poređenja. Zato to poslednje magnovenje može biti vrhunsko blaženstvo za Euridiku, jer je i umirući u dodiru sa načelom života, sa neukrotivim šikljajem ljubavi.

Ma nije moguće! Zaista bi to bilo lepo. Život je energija, ali, da bi se govorilo o ljudskom životu, da bi se čulnost i želja uopšte mogle nazvati ljubavlju, neophodno je da im nešto utisne odgovarajuću formu, *životnu* formu, bez koje je sve samo haos smrti, bezoblična strugotina. Ko to ne uviđa ne bi se, zapravo, uopšte smeo javiti za reč! Večno drvo života i večno je i živo zahvaljujući obliku, lepoti, zahvaljujući usmerenosti rasta uvis, uređenosti delova, a ne nekoj mistički shvaćenoj »energiji«. Ono što želji i nagonu daje oblik i smer otvara i onu dubinsku perspektivu u kojoj se otkriva suština postojanja uopšte; takozvana »bezumna« strast samo zastire tu suštinu, ona je slepa i zaslepljuje — sasvim je pogrešno misliti da se išta bitno otkriva u blјesku tragičnog kraja, jer nikakvog bljeska tu ni nema, nego samo ugasnuće...

Takva odbojnost prema tragičnom naprosto je komična. Tragika podrazumeva veličinu, a lišiti ljubav veličine, uskraćivati joj visinu sa koje može i da se surva... vredi li trošiti reči na to. Instanca koja je zabranila Orfeju okretanje ukoliko želi da Euridika vaskrsne, uvela ga je u područje vrhunskog tragičkog paradoksa, jer se on u isti mah mora pokoriti, da bi u strašnoj borbi sa samim sobom izvojevao njen život, i ne sme se pokoriti, jer ljubav se ne pokorava nikome osim voljenom biću, dakle svom izvoru, želji. Pokoravanje je samoubistvo ljubavi, a nepokornost vraćanje voljenog bića smrti — to je, doista, klasičan tragični obrazac, u kojem oduvek, još od Starih Grka, trujumfuje vrednost — dakle, u ovom slučaju, ljubav — i tog trijumfa je Euridika, tragična Euridika, svakako morala biti svesna u času kada se Orfej okrenuo. Zar Euridikina lepota i uzvišenost u tom času ne potiču od njene tragike. Da se i na to, možebiti, nema neki prigovor?

Da, suprotna strana je dobro razumela: prigovor postoji, i te kako. Nikakvo insistiranje na tragici i na Starim Grcima ne može prikriti osnovnu činjenicu da je život, makar i bez ljubavi, ipak život, a da je smrt u svakom slučaju samo smrt. Temeljna greška tog načina razmišljanja u kojem se veliča tragika nije pre svega u pozitivnom odnosu prema »instanci« koja postavlja nečuven, nečovečan zahtev Orfeju, kušajući njegovu slabost i postižući, na žalost, na žalost Euridikinu pre svega, unapred zlurado smišljen i očekivan cilj — da se, naime, ovaj, u svojoj slabosti, okrene; osnovna greška je u verovanju da neka vrednost, bilo kakva, postoji izvan i nezavisno od života. Nikakve vrednosti, međutim, izvan života nema, on je podloga svih vrednosti, jedini prostor za bilo koju od njih i kao takav sâm je primordijalna vrednost po sebi. Ako se Orfej već odvažio da siđe i uspeo da one dole trone toliko da Euridiku, uz uslov, puste, onda, izložen kušnji, on ni u kom slučaju nije smeo da se okrene. Muška postojanost...

Ali, molim vas, to je već sasvim neozbiljno, to je licemerno. Onaj koji se neće okrenuti, koji može da se ne okrene, taj neće uopšte ni sići dole. Da bi uopšte pomislio da siđe u tamno carstvo, već samo i pomislio a kamoli zaista sišao, on mora biti dovoljno neproračunat, dovoljno drzovit, neodmeren i »nepostojan« da mu to, u povratku, čini potpuno nemogućim da se ne okrene. Odmereni i »postojani« ne silaze u naselja mrtvih, oni su i suviše »pametni« za to, i suviše realistični. Ako je, međutim, želja dovoljno jaka, ljubav dovoljno »luda« da pod njihovim pritiskom silazak postaje neminovan — a kod Orfeja su bile takve, naravno, i ljubav i želja — onda onaj željom i ljubavlju nagnani i vođeni ne može najednom, za pet minuta, postati dole sračunat, hladnokrvan taktičar. Ona koja je *tako* voljena da će on krenuti za njom i u smrt, zna, *mora znati*, da će se on i okrenuti. Ako za njih dvoje postoji neki izlaz, neka povoljna mogućnost, onda samo pod pretpostavkom da onakav uslov kakav je bio postavljen Orfeju, ne bude postavljen. U suprotnom, na delu je tragika, sviđalo se to kome ili ne; ne obazirati se na ovu, psihološku, stranu stvari i graditi na osnovu te ignorancije neku antitragičnu etiku, to u najmanju ruku znači nemati sluha za ove probleme, ako ne i štogod gore.

Lupanje pesnicama o sto takođe je moguće kao »argumentacija« i utoliko manje iznenađuje kad potiče od zastupnika neobuzdanosti. Ali, čak ni advokati tragične propasti ne bi smeli od Orfejevih slabih živaca da prave vrlinu, jer...

Štaaa!?! Nazvati najplemenitiji pokret duše »slabim živcima«, i to u situaciji kada on svojom lepotom, lepotom ljubavi, beskrajno nadilazi smrt, naterujući i sam žrvanj sudbine da spozna svoju jalovost, to, to... to je — bezočni cinizam. I neka samo još jednom...

I tako bez kraja i konca.

Jedan okretanje tumači Orfejevom željom da poljubi Euridiku već tu, dakle, u neku ruku pre vremena. Drugi, opet, u tome vidi ludilo, što je moglo značiti da preterana ljubav ni u kom slučaju ne vodi dobru, a pogotovu ne u tim okolnostima — strada i onaj koji voli i onaj voljeni... Treći tvrdi da se Orfej okrenuo samo da bi proverio ide li Euridika za njim — što bi bila glupa nesmotrenost u svakom slučaju, i kao posledica nedovoljnog poverenja u nju i kao izraz podozrenja prema onima koji treba da je puste, možda i isprate do izlaza.

I tako dalje, i tako dalje. Niko, međutim, od svih njih da se upita na čemu počiva cela ta beskrajna rasprava, da se još jednom okrene samim činjenicama. Nazad ka činjenicama! Poneka donekle zanimljiva ideja iz polemika koje su vođene ne može zameniti istinu. Svakome je valjda jasno do koje je mere besmisleno donositi zaključke o nekom događaju a pri tom ne znati šta i kako je u stvari bilo.

A bilo je u stvari ovako:
Persefoni se dopao smeli, taj, ako se pravo uzme, sumanuto odvažni naum Orfejev da

uopšte siđe dole. Umela je ona da ceni ljubav koja ne zazire ni od čega, pa ni od hada, spremnost da se pokuša sve, kakvu hrabra ljubav rađa. Ali, nije se njoj dopala samo ta odluka, niti se njena ganutost razvila pre svega iz osećaja poštovanja. Niti je posredi bila pre svega »ganutost«. Usplamtelo je u Persefoni i nešto drugo, i to »drugo« Orfeju nije promaklo. Dok joj je izlagao svoju stvar, čuo je Orfej u Persefoninom glasu dvostruki ton, prizvuke koji su se na neobičan način pojačavali ili slabili zavisno od pitanja koja mu je postavljala. Razgovor je potrajao, a kada se završio, stavila je Persefona svog sagovornika na ispit, koji je on položio dobro, da ne kažemo i suviše dobro. Nemajući, uostalom, kud. Da li će ovo kod ponekog izazvati negodovanje? Mi poštujemo ograde i obzire iz kojih bi ono moglo da potekne, pa imamo razumevanja i za strogost načela koja ne počiva isključivo na naučnim uvidima. Ali — čemu negodovanje! Ako su stvari već uzele takav tok, to samo povećava obavezu da tačno uočavamo i pažljivo razlikujemo razne pokrete duše, uprkos tami podzemnog sveta koja ih skriva. — To je ta jedna strana stvari. Druga se odnosi na formalni postupak.

Telo kome se Orfej zvanično obratio do tada nije imalo takav slučaj u svojoj praksi. Propisi za tako nešto nisu postojali, što uostalom nije nikakvo čudo — smrt se još i može regulisati propisima, ali kako propisima regulisati ljubav. To je nemoguće, pa ni svekoliko bračno zakonodavstvo, sve do dana današnjeg, nije u tom pogledu postiglo bogzna šta i orijentisalo se poglavito na imovinska pitanja. Savet se našao u nedoumici a nije imao ni koga da pita, neku višu instancu, recimo, koja o tome nešto zna i u to se razume. Sve mora biti zasnovano na zakonu, to je glavno, govorili su. Ako Euridiku puste, onda se to neće temeljiti na slovu zakona, jer zakona o tome ni nema

— dakle, ne mogu je pustiti: to je podzemna logika. Doduše, Had je imao izvesna diskreciona prava i kao najautoritativniji član Saveta mogao je da utiče na rešavanje tog slučaja; ali, prvo, on se plašio presedana, jer kuda to vodi ako svi zaljubljeni mladići stanu dolaziti s takvim zahtevima, a drugo, kada već nema eksplicitnih propisa, stvar bi se mogla rešavati po analogiji i u duhu zakonâ koji postoje; pošto je, međutim, kod njih osnovni zakon, iz kojeg se izvode svi ostali, Zakon o sveopštem umiranju (ZOSU), onda je veliko pitanje da li bi udovoljavanje Orfejevom zahtevu bilo u duhu toga zakona. Uvažavanje razlogâ ljubavi pre bi značilo podsticanje života negoli unapređivanje smrti. Had se kolebao i otezao, pa je u više navrata, češući se po potiljku i stenjući, svoja razmišljanja saopštavao i Persefoni. Ona bi mu odgovarala počinjući svaku rečenicu sa »Ne znam, ali možda...« ili »Ti to svakako mnogo bolje znaš, mada...«, tako da je dostojanstveni gospodar mraka neosetno gutao ideje svoje supruge, uveren već posle kratkog vremena da su to njegove sopstvene zamisli. Tim postupkom došli su konačno do toga da Had jednog dana s uzdignutim kažiprstom izloži Persefoni njenu koncepciju o tome kako da se ta stvar okonča. »Da li me razumeš?« — pitao je tonom koji je odavao spremnost da se sve što je rekao stavi, ako treba, i na debatu: domišljatost, potpomognuta i oplemenjena takvim osećajem za slučajeve iza kojih ne stoji nikakvo prethodno iskustvo, razgovoru je vazda rada. »Pravednije se ništa ne može smisliti«, odgovorila je Persefona posle kraćeg i, svakako, dubokog razmišljanja. Rekla je to jer su dokonali, to jest Had je dokonao da se, u nedostatku pravne regulacije, stvar reši po pravdi. Kao ni inače kada je o tome reč, tako ni ovde nije postojala puna izvesnost šta je zapravo pravičnost. Složen duševni i umni rad ovo dvoje, kod svakog na svoj način, nije se mogao zaustaviti ni na čemu konkretnom ni čvrstom, ali je ipak vodio ka odluci.

Nije nezamislivo da se ponekom od nas danas učini kako je njihovo zaključivanje o tome šta je pravda bilo nadahnuto zlobom: samo sušta pakost može kušanje koje dovodi u pitanje ili ljubav ili život, ili i jedno i drugo, nazvati pravdom. Ali, s druge strane, ne bi se smelo smetnuti s uma ni to da je tu posredi podzemni način razmišljanja; razlozi, dokazi, nedoumice, pa i sama strast, sve je to tamo nekako drugačije. — Dublji smisao Zakona o sveopštem umiranju, razlagao je Had, naglašavajući reč »dublji«, otkriva se jasno uvidom u činjenicu da se u carstvu smrti ništa ne vidi. Pomrčina. Pripasti tom carstvu znači postati nevidljiv, ne smeti biti viđen. To je to. On, veli, razume da je Orfej svojom svirkom, umilnim pojanjem i tako dalje, privremeno, i prividno, mogao uneti nešto prijatno u mračni nered donjeg sveta i da je time, dabome, mogao ganuti meko žensko srce (»Da, lepo svira«, složila se uz smešak Persefona); ali, i to se samo čuje, a ne vidi se ništa. »Prema tome«, objašnjavao je Had, »prema tome, o-vaaj... prema tome...« »On je ne sme gledati«, rekla je Persefona nekud u stranu, »ovde ne, dosta mu je bilo, evo, neka je vodi gore pa neka je tamo gleda, ako je se dosad nije nagledao.« »Prema tome, jasno je da taj mladi čovek ne sme da je gleda, ne sme je ni okrznuti pogledom«, zaključio je Had, kao da je to osnovno ili čak jedino pitanje, a ne da li da se Euridika uopšte pusti ili ne. Odlučujući korak bio je učinjen. »Hteti nekog videti u carstvu senki znači bezmalo izrugivanje našim osnovnim principima«, raspalio se Had. »Ni ZOSU to, mislim, ne dozvoljava. Reci, ako hoćeš, da sam prestrog, ali, što se gledanja tiče, tu sam protiv svakog popuštanja.« I, s izrazom lica koji svedoči o uverenosti da više ne može biti prigovora, da čak ni Persefona ne bi uspela s nekom dodatnom primedbom, koju on ipak hoće da predupredi i izbegne svaki dalji razgovor, završio je: »Neka je vodi, šta sad tu... ali, ne sme ni pokušati da je pogleda! Ionako je ne bi video, ali nije to najvažnije; najvažnije je da se mraku i haosu ukaže poštovanje. Kad je već došao, i to još svirajući, onda, mislim, ne bi smeo da zloupotrebljava gostoprimstvo. Reci i sama. Pravo je i pošteno da se on ovde povinuje našoj neglediciu, pa, kad izađu gore, neka rade što im drago!« — i tu je Had uzdahnuo kao neko ko i o tome ima svoje mišljenje, koje će, međutim, radije prećutati.

Orfej se, naravno, okrenuo. Nije teško pretpostaviti šta je uzaviralo u njegovoj duši dok se penjao vraćajući se nazad, koliko strepnje i nade, koliko pobedničke ali i bolne radosti... Na kraju krajeva, onolika polemika o razlozima i smislu njegovog okretanja nije se vodila tek onako, sa nečije zaludnosti, pa ni posve uzaludno, iako iza nje nije stajalo znanje o tome šta se stvarno dogodilo. A upravo na ovoj tački neophodno je s najvećom pribranošću osmotriti i razumeti šta se u tom času zaista zbilo, umesto što se kudi nepostojanje pribranosti kod Orfeja ili se za to pronalaze manje ili više učena objašnjenja. Želeo je da odmah vidi Euridiku? Žudeo je za njom? Naravno, žudeo je i želeo. Nije mogao iščekati kad će od seni ponovo postati žena koju je voleo, koju voli? Svakako, nestrpljenje je postojalo, to je jasno i sasvim razumljivo. Znači, samo je prenaglio? Samo je odveć rano poverovao da je ljubavlju i muzikom savladao smrt? Zaboravio je uslov koji su mu postavili? — E, da, to su sad ta pitanja. No, šta bi, u stvari, imalo da znači da je on samo tako »zaboravio uslov«? Da je »poverovao« kako je smrt, eto, prosto-naprosto anulirana? Kao da ništa nije ni bilo. Ono, možda su bezazlenost, prostosrdačnost, poverljivost, uopšte uzev, zbilja i svojstvene umetniku ili, na drugačiji način, čoveku koji voli. Ali...

Orfej se okrenuo kad je već bio na domak gornjeg sveta, samo nekoliko koraka od izlaza. Da li je, pitamo se, tu već bio siguran u to da je uspeo; a osim toga, da li je osećao da na njega motre isključivo službena lica, zadužena za njegov slučaj? Ili još neko? Možda je još i tu zebnja u njemu jača od nade? Neverica da će Euridiku iščupati iz tih urvina ne mora biti sve manja što je izlaz bliži. Možda on sluti ili čak jasno zna još nešto? Šta ako odnekud predoseća ili čak veruje da će biti sprečeni i da im neće biti dozvoljeno da izađu u život sve ako se on i ne bude okrenuo; da će ga naprosto prevariti i da se, prema tome, na podzemna obećanja mora uzvratiti ne pukom poslušnošću, nego nekim drugim postupcima i argumentima, aktivnije?! Nije li, valja se tu upitati, i u manje napetim situacijama često važnije zadovoljiti nečiju osetljivost, sujetu ili ko zna koju i kakvu duševnu potrebu nego poštovati zakonske propise ili slediti naloge njima potkrepljivane. Je li se Orfej pitao na ovaj način ili bar nekako slično dok je očekivao da ponovo oseti mirise života? Uostalom, čime objasniti onaj pokret na koji niko ne obraća pažnju niti ga razmatra, kojim pevač kao da se oprašta od donjeg tamnog predela — pokret koji prati okretanje? Orfej se okrenuo prema Euridiki, nema sumnje, i ona je potonula nazad u tminu. Ali, on kao da se u tom času okrenuo i nekako uopšte, ne samo ka njoj nego u tu tminu u celini, za koju kao da ga nešto i vezuje, i koju kao da ne može da napusti bez poslednjeg pozdrava — u redu, u redu: time je previše rečeno! ne, dakle, baš pozdrava, ali bez još jednog okretanja prema njoj, upravo okretanja, a najposle i pozdrava, zašto da ne; taj pokret rukom, koji niko među učenim disputantima ne vidi niti tumači, kojim je pokret praćen, zar on ne govori da je posredi pozdrav, opraštanje... Tako mahnuti rukom ne može da ne znači ništa... Kada Euridike već više nema na hridi pod Orfejevim nogama, on nekako suviše dugo gleda okrenut u mračni ponor, i to gleda nekako u stranu. To se uvek tumačilo njegovim očajanjem, i to je objašnjenje, razume se, potpuno tačno. Ali, ipak on, možda i namerno (ne poričemo svaku sumnju u nenamernost), malo i suviše ostavlja utisak čoveka koji je tu mogao i da se ne okrene, ali se ipak okrenuo, i to uz neku posebnu primisao reklo bi se, zarivajući mimo iščezle Euridike pogled u daljinu, dole, kao da traži po njoj... Ne želimo da kažemo nijednu reč previše o tome.

Kada je Euridika nestala, Orfej je, skrhan očajanjem, seo na zemlju i dugo zurio preda se. Crne, kosmate bube koje su mu milile oko nogu nije ni primećivao. Sada je Euridiku izgubio po drugi put, kada je spas, izgledalo je, već bio tu. Tako proigran, taj neostvareni spas umnožavao je beskrajno Orfejevu nesreću; tu, dok sedi na zemlji posle njenog potonuća, njegovo je biće prečišćena, apsolutna tuga. Nepomičnost Orfejeva potpuna je i traje dugo. Sušti jad.

Međutim, kada se spustila noć — to jest, šta znači »noć«, tamo je stalno mrak, ali i oni dole u svom mraku imaju noć, ciklično smračivanje mrklog mraka, radi promene i raznovrsnosti — krenuo je Orfej tom tminom tmine ponovo u dubinu, niz sunovratnu vrlet, ćutke, i, ne pokazujući ni najmanje kolebanje ili strah da neće stići tamo gde treba i kuda je naumio, izgubio se u najneprozirnijem kutku na dnu dna hada. Ni svetlost saznanja, čak ni onog naučnog, ne može razvejati tu tamu, i na trenutak, uostalom ne baš sasvim kratak, Orfej nam se potpuno gubi iz vida. Zatim, držeći Euridiku za ruku, idući možda tek korak ispred nje, smrtno preplašene i potpuno zbunjene posle svega što se dešavalo, izlazi iz hada putem za koji niko ne zna niti je za njega čuo, izlazom na koji, koliko je nauka mogla da ustanovi, nikada niko drugi nije izašao — a zna se koliko je i inače mali broj onih koji su se vratili odozdo — koji, dakle, kao da je čuvan za sasvim iznimne prilike i izuzetne, najistaknutije ličnosti. Kradom od svih, i na gornjem i u donjem svetu, neometan ni od koga — obični službenici i čuvari za tu jarugu, izgleda, nisu ni znali, štaviše ni sam Kerber o njoj, po svemu, nije imao pojma — izvodi Orfej Euridiku na svetlost dana i ona, posle svega, u prvi mah uopšte ne zna da li je zapravo živa ili mrtva. On je tih, ozbiljan, gotovo smrknut, daleko od likujućeg ili bilo kakvog osmeha, klecavih kolena, s podočnjacima kao najtamnije ljubičice i — umoran, veoma umoran; ona, obrevši se na proplanku na koji su izišli, oseća plimu dubinske, obuhvatne radosti: svet koji joj se otvara po drugi put stiče ona sad prvi put kao svetli, prijazni dom, *znajući* da je on to, budući da zna šta je *ono drugo* i kakva je, stoga, vrednost žića, šta znači okrilje koje ono pruža... »Evo nas, tu smo«, kaže Orfej. »Ponovo pod krovom«, prošapuće Euridika. I dok se celim njenim bićem razliva milje kakvo nije poznavala, Orfej se spušta na travu i već posle nekoliko sekundi spava mrtvim snom, glave naslonjene na njena stopala.

Euridika to najpre ni ne primećuje — udiše svež gorski vazduh i gleda bogate krošnje ustremljene ka nebu, ali kada se malo kasnije osvrne oko sebe, opaža usnulog Orfeja: pokušaj da svog dragana prebaci u neki udobniji položaj ne polazi joj, međutim, za rukom. Tek posle šest časova, od četrnaest, koliko je proveo u snu, uspeva Euridika da ga, onako otežalog i zdrvenjenog, pomeri i namesti mu glavu u svoje krilo. S obrazom na Euridikinoj butini, kao da je ljubi, vraćao je zaspali Orfej postepeno snagu.

*

Iako nesposobna da prozre puninu i suštinu sreće, nauka, oslonjena na posmatranje, na životno iskustvo, ipak ponešto i saopštava o tome — recimo: da ljudi zapravo i ne osećaju svoju sreću ukoliko ovu ne vide i ne priznaju drugi ljudi, a najbolje u obliku zavisti koja ne može da ugrozi. Stoga *incognito* ili potpuna povučenost i sklonjenost od očiju ljudi nije najbolji potporanj za sreću. Sreća je za pokazivanje. To, međutim, za Euridiku i Orfeja ne važi i nije važilo. Kao što je već rečeno, nauka ne može da prodre u srž njihovog slučaja, ona iskonski kristal ljubavi — jer oni su to — može samo da osvetli u ponekom njegovom aspektu. Pri čemu onda onaj kome to pođe za rukom i sam biva obasjan svojim nalazima i uvidima.

Njihov novi život proticao je, po izlasku iz hada, u potpunoj povučenosti, tako da niko nije ni znao gde su, ni šta rade, ni da su uopšte tu. Teško je reći da li im je takav način života bio nametnut ili su ga oni sami izabrali. U kojoj meri, uostalom, čovek i inače slobodno bira kako će živeti? A kada neko ima iskustva poput njihovih, na to pitanje je još manje mogućno jasno odgovoriti. U svakom slučaju, Orfej se po izlasku iz podzemlja potpuno posvetio komponovanju. Gledao je zvezdano nebo nad sobom i osluškivao žubor u sebi, šapat bića. Danima, nemo, beležio je hitrim potezima crne znake, slične bubama, po notnoj hartiji, da bi onda opet dugo i nemo sedeo nad njima, dopisujući i precrtavajući ponešto. Euridika mu je to što je nastajalo prepisivala učisto, ponekad krišom menjajući ovu ili onu notu ili raspravljajući, za tihih, zlatastih popodneva, nadugačko sa Orfejem o pojedinim deonicama. Dešavalo se da neku od njih, oko koje nisu mogli da se slože, pevaju jedno drugom, gledajući notni list, prekidajući se uzajamno uzvicima »Evo tu!« ili »Zar ne čuješ kako ovde...«, ali se takođe dešavalo, možda i češće, da zajedno bez prekidanja i zapinjanja otpevaju celu kompoziciju, kao dva međusobno usklađena instrumenta, kada je delo, završeno i neugrozivo, živelo u njihovim glasovima. Posle toga bi Orfej, dok Euridikin pev zajedno s njegovim sopstvenim još odjekuje u njemu, pristupao izradi orkestracije. Sedao bi uveče, kad Euridika ode da spava, i u zvučnoj, bogatoj tišini noći razvijao svoju raskošnu polifoniju. — Da, može se slobodno reći da skrovitost i povučenost ovo dvoje povratnika nisu umanjivale lepotu njihovog boravka na ovom svetu.

Orfejeve kompozicije, tada nastale, svedoče o izuzetnom majstorstvu u preplitanju osećanja i u njihovom uzajamnom tumačenju posredstvom muzičkog izraza. U njima je čujna pre svega duboka seta onoga ko je bio duboko dole, čujno je i nešto što bi valjalo nazvati mudrošću očaja: u središtu najcrnjeg očajanja nije očaj nego obuhvatno, polunemušto saznanje o duši, koja sagledava sebe u ponoru kosmosa i u haosu vremena — tu više nema bola, koji je nešto mrtvo-materijalno; ali tu se onda, istovremeno, čuje u Orfejevom delu i vedrina duše, ponekad samo kao njeno sećanje na vedrinu, kroz turobnu prigušenost probija se kliktaj, i taj sumornoiskričavi koloplet zvukovnih korpusa deluje na slušaoca na neuporedivi način.

Nemoguće je reći kako bi izgledale Orfejeve kompozicije, i da li bi uopšte postojale, da on nije izveo Euridiku odozdo. Možda bi i on bio ostao dole, možda bi, vrativši se, okrenuo glavu od života, od svakog oplođujućeg napora i rada, od drugih žena već i tako i tako. Kao što ljudi inače odvraćaju glavu od smrti. Da je propala takva stvar kakva je bila njegova s Euridikom, ne bi ni bilo veliko čudo ako bi ga ophrvao pesimizam i nijednu osudu života koju bi izrekao ne bismo imali pravo niti bismo se usudili da nazovemo klevetom. A na klevetanje života smo inače veoma osetljivi. Ako bi se takva osuda života izrazila možda kroz muziku, onda tek pogotovu ne bismo smeli reći ništa protiv toga. Kada je umetnost nepristajanje, onda obično iza toga stoje dobri razlozi. Zna nauka za to.

Ovako, budući upućeni u istinu o tom šta se s Orfejem i Euridikom zaista dogodilo, možemo, dok listamo Orfejeve partiture, reći sledeće: teško je uopšte zamisliti snažnije i dalekosežnije osporavanje smrti nego što je to Orfejeva muzika, i to možda ponajviše i ponajpre u njenim najtamnijim tonovima, iz kojih onda nenadano sevne svetlost. Da, u Orfejevim fugama čujno je i blaženstvo ovog sveta i najgorča nesreća podzemlja, i *sreća* podzemlja, propadanje i povratak, ruj ozdravljenja, dugo probijanje onog izlaska kradomice, osmeh ponovnog sticanja sveta, potočić — čisti Euridikin smeh i... hm... jedan izvesni Persefonin uzdah o kojem čak i muzika već jedva da može nešto da saopšti. Kad se sve to ima pred očima, i u duhu, može se samo ponoviti ono što je već rečeno: ima stvari koje nauka može samo da opiše, ali je jedino umetnosti dato da ih izrazi. Dosta toga, na žalost, uskraćeno je i umetnosti i pripada samo životu samom, koji baš i ne haje previše da li će sebe razumeti, pogotovu ako je ispunjen milinom, srećom, ili je barem snažan, sočan.

POGOVOR

IZVORI, CITATI, EPIGRAFI

Zatraženo mi je da odgovorim na pitanje: šta znače citati koji se, kao epigrafi, nalaze u ovoj knjizi? *Natpisani*, prvi među njima nas uvodi u celu knjigu, a ostali — u prva tri njena »toma«. Ispisani, osim u jednom slučaju, u izvornim jezicima, oni su poput niti vodilja ili krajičaka crvenog konca u mornarskim čvorovima namenjenog njihovom lakšem razvezivanju, pri čemu u pišćevom tekstu nema izričite obaveze da im se mora biti apsolutno veran. Naoko izdvojeni, oni su ipak deo igre koju autor zapodeva sa *svetskom književnošću*, igre čija se ironička pravila izgrađuju iz opita u opit, ostajući neprekidno otvorena, nikada do kraja usvojena i zauvek utvrđena. Pa šta bih ja tu imao da tražim? No, ova knjiga je i pozornica na kojoj se iznose »povesti« o glasovitim književnim likovima pretvorenim u »ličnosti«, a jedan od zakona pozornice jeste da ono što suzdržljivi glavni junak, ovoga puta prerušen u »povesničara«, ne bi da neposredno otkrije — valja da bude rečeno, bez dlake na jeziku, ustima epizodnog lika u svetskoj književnosti, zapravo najepizodnijeg od epizodnih likova. Tako komad ne gubi na tajanstvenoj snazi, ali biva, istovremeno, pristupačniji slabima i neukima. Ali, šta ako se i sam epizodni lik uvrštava među slabe i neuke? Onda ne očekujte veliku nauku.

Ni postavljeno mi pitanje, štaviše, nije bez zamke: u najmanju ruku je dvosmisleno. I odjednom iz na izgled ograničenog i jednostavnog zadatka (naprosto: *šta znače citati?*) zeva zloslutna provalija. Tu je, najpre: šta znače citati kao iskazi, naime, još doslovnije, koje je ekvivalentno, ili bar približno značenje u našem jeziku datih verbalnih sekvenci preuzetih iz drugih dela i od drugih autora? Zatim, tu je i/ili: šta znače citati kao iskazivanje, kao sam čin ili rad citiranja? Zamka biva još dalekosežnija i složenija kada znamo da su citati o kojima govorim epigrafisani, *natpisani* opitima ovoga dela i njegovih »knjiga«, te da njihovi eksplicitni izvornici nisu, verovatno, bez dodira sa implicitnim izvorima *Svetske književnosti* čijem govoru pogovaram. Može li biti čuda: pogovor svetskoj književnosti!?

Uprkos svim njegovim klopkama, šta bih i kako odgovorio na pitanje?

Evo.

U jednoj od ranijih knjiga Dragana Stojanovića *(Čitanje Dostojevskog i Tomasa Mana*, Nolit, 1983) polazi se, navodno, od citata i autocitata kao elemenata umetničkog postupka kod Dostojevskog i Tomasa Mana. Kako god bilo, očito je da se misli da je ponavljanje »već rečenog« uključeno u stvaralački proces. To je, ipak, samo minimalni program. Maksimalni je nagovešten tek u ovom delu: cela svetska književnost i nije drugo nego ponavljanje »već rečenog«. Citiranje, u ovom ili onom vidu, nije više samo deo umetničkog postupka nego ga u potpunosti obuhvata. Razume se, spomenuti »maksimalni program« poprima kod Stojanovića parodijsku modulaciju koja već sobom, iznova, naglašava gest citiranja kao ponavljanja »već rečenog«. Jer, šta su drugo parodijski elementi u kazivanju nego opet jedan od vidova takvog ponavljanja! Montenj, bez sumnje istaknutiji referentni autor u ovoj knjizi, kazaće to ovako: »Mi se samo međusobno glosiramo.« Verovatno je to u prirodi književnog govora, pa i jezika uopšte. Glosiranje i interglosiranje.

Montenj je upravo i izvornik poslednjeg od epigrafa u *Svetskoj književnosti* (za njenu treću »knjigu«), koji bi, preveden, glasio:

... sadeći svoj kupus ...

Simptomatično je da nemačko izdanje spomenute Stojanovićeve knjige o Dostojevskom i Tomasu Manu sadrži, za razliku od srpskohrvatskog, na čelnom mestu i kraći tekst s naslovom u kome se pita i tvrdi *kako je Paskal razumeo to što je Montenj mislio.* U njemu se zapravo munjevito razmatra pozicija hermeneutičkog komentara, pri čemu ne saznajemo šta je Montenj mislio, pa onda ni to kako je Paskal razumeo isto. Ali, to nije ni pripadalo piščevoj nameri. Sa svoje strane bih pitao: *šta je Paskal mislio o tome kako je Montenj razumevao?* Prebacivao mu je da suviše govori o sebi. Naročito mu je prigovarao da su mu »osećanja prema smrti sasvim paganska«. Pri tome je esej Montenjev na koji smera Paskal u svome prigovoru upravo onaj iz koga potiče Stojanovićev epigraf o »sađenju kupusa«: *Filozofirati je učiti se umiranju.* Ovidije kaže: »Kada budem umirao, hoću da me smrt zatekne usred posla.« Na to se nadovezuje Montenj: »Hoću da se dela, i da se životne dužnosti obavljaju dokle god je moguće, te da me smrt zatekne dok sadim svoj kupus, ne mareći za nju, pa ne mareći ni za svoju neuređenu baštu.« Zatim, posle jedne rečenice, citiraće Lukrecija po kome ljudi gube iz vida da žaljenje za dobrima neće nadživeti njihovu smrt. Da li će tada slučajno, u epigrafu za drugu »knjigu« u svojoj *Svetskoj književnosti*, i sam Stojanović prizvati takođe istoga Lukrecija? U tom epigrafu Lukrecije veli:

Moje je, naime, učenje — krepkim se osećati i živeti.

Citiranje se ovde kretalo između života i smrti. Pošto se nasitio prigovora Montenju, Paskal na kraju priznaje svoju želju da u nečemu liči na onoga kome upućuje primedbe. Mami ga Montenjev način pisanja u kome se, citirajući, uspeva da se bude citiran. Po tome, citiranje biva pokazatelj delotvornosti pisanja. I opet smo na početku: da pisanje ne može bez citiranja kao ponavljanja »već rečenog«, pri čemu je to »već rečeno« postalo linija koja deli život od smrti, i donekle iziskuje da se »krepkim osećamo i živimo«. Svoj zalog tome dodaje i izvesni »anonim« od koga potiče drugi epigraf, nakon Lukrecija, za drugu »knjigu«. Stisnut između Lukrecija i Montenja, taj »anonim« je zagonetan. Montenjevski. Dakle, predlažem da ga shvatimo kao prerušenog Dragana Stojanovića...

Prva »knjiga« je opremljena čak sa četiri epigrafa.

Dok sam listao Paskalove *Misli*, tragajući za onim šta je on mislio o tome kako je Montenj razumevao, našao sam ono što sam već znao: i Paskal citira iste stihove iz Kornejeve drame *Medeja* koje zatičemo sada među četiri epigrafa prve »knjige«:

Često nas neko neizrazivo ne znam šta
Obuzme, zanese i prisili da volimo.

I stihovi *Pesme nad pesmama*, iz *Vulgate*, latinskog prevoda *Biblije*, upućuju na ljubav. Kombinujući već postojeće prevode u nas oni bi glasili:

Sva si lepa, prijateljice moja,
i nema mane na tebi.

Tu je i odlomak iz Hegelove *Filozofije prava:*

Prvi momenat u ljubavi jeste da ja neću
da budem samostalna ličnost za sebe i
da se, ako bih to bio, osećam manjkavo
i nepotpuno. Drugi momenat je da ja sebe dobijam u nekoj drugoj ličnosti, da

u njoj važim, što ona, opet, postiže u meni. Ljubav je stoga najčudovišnije protivrečje, koje razum ne može da reši ukoliko ne postoji ništa čvršće od ove punktualnosti samosvesti, koja biva negirana, a koju ipak treba da imam kao afirmativnu. Ljubav je, u isti mah, proizvođenje i razrešavanje protivrečja: kao razrešenje, ona je moralna jednodušnost.

Četvrti, pak, od epigrafa spušta povest na svakidašnjiju zemlju i svakidašnjicu uvodi u povest koja bi da bude uznesena jedino ljubavlju. To su dva mesta, razdvojena s tristotinak stranica teksta, iz *Idiota* Dostojevskog, na kojima čitamo Kelerove reči upućene knezu Miškinu: novac kao božanstvo!

No, kneže, kad biste znali, kad biste samo znali kako je danas teško doći do para! [...] ... sa slobodnom voljom i novcem, to jest s te dve stvari koje svakoga od nas razlikuju od četvoronožaca!

Iako još nismo stigli do kraja, naslućujemo celu igru citiranja: svi se međusobno citiramo, i samocitiramo. Tako, u četvrtoj »knjizi« *Svetske književnosti*, u njenom jedinom opitu »Orfej ili umetnost fuge«, Stojanović ponavlja, varirajući, teme i motive prethodnih opita. *Svetska književnost* kao svoj deo sadrži tekst u kome se, osobitim vidom citiranja, stiče sve što je »već rečeno« u celoj *Svetskoj književnosti*. Nije li sva književnost sastavljena pomalo od takvih tekstova? U opitu o Hloe i Dafnisu, pohvala pravljenju sira sugeriše celu jednu poetiku (čak estetiku) pravljenja umetničkog dela, i to tako što skriveno sledi i ponavlja nekoliko stihova manjepoznate pesme iz Geteovog romana *Godine putovanja Vilhelma Majstera*. U opitu »Miranda i Kaliban« krijumčari se pola stiha Miloša Crnjanskog. Stojanovićev Gargantua uzvikuje: »Bernari!« — dakle ono što će, aludirajući na Kloda Bernara kao sinonim za pozitivističku budalu, tek nekoliko vekova docnije zapravo uzviknuti Dmitrij Karamazov Dostojevskog... Sva se mesta s primerima Stojanovićeve igre citiranja u *Svetskoj književnosti* ne mogu ovde pobrojati. Trebalo bi tada nanovo ispisati možda celu svetsku književnost...

Ponekad su »izvori« prisutni aluzivno. Međutim, kad je govor o nepristupačnim izvorima, da bismo ih odredili valjalo bi da silazimo u duboke, u bezdane pećine teksta u kojima se može orijentisati jedino ako imamo uho za jedva čujne žubore potisnutih autorovih želja. »Rad citiranja i samocitiranja je postao rad pisanja.«

Završimo citatom s kojim Stojanović počinje. Katulov epigramski stih služi kao epigraf za celu *Svetsku književnost*:

O, TUPOGLAVO DOBA, LIŠENO DUHA!

Moje je, naime, učenje — ne čitajte pogovore! Ne hajte za savršenu smrt ni za nesavršeni vrt! Sadite, samo sadite, moji crveni kupuščići! Ko to kaže? Uvek anonimni autor svetske književnosti.

Jovica Aćin

BELEŠKA O PISCU

DRAGAN STOJANOVIĆ (1945), profesor Opšte književnosti i teorije književnosti na Univerzitetu u Beogradu, objavio je: *Olujno veče*, Beograd, 1972, *Sl. pere zube morem na Hvaru u ranu jesen 1978. godine*, Beograd, 1985, *Sl. pripaljuje cigaretu na kaminu u jednom letnjikovcu blizu Rima*, Beograd, 1988. — pesme; te *Fenomenologija i višeznačnost književnog dela. Ingardenova teorija opalizacije*, Beograd, 1977, *Čitanje Dostojevskog i Tomasa Mana*, Beograd, 1983, *Ironija i značenje*, Beograd, 1984. i *Dostojewski und Thomas Mann lesen. Von der Notwendigkeit und Fragwürdigkeit des Deutens*, Frankfurt a/M-Bern-New York, 1987.

SADRŽAJ

OD AUTORA 7
PREDGOVOR DRUGOM IZDANJU 13

PRVA KNJIGA

Prethodna napomena uz prvi tom 21
ADAM NA OGRADI 23
ANTONIJE LJUBI KLEOPATRU 29
ŠETNJA LEDI ANE 35
KAKO SE OTELO ZAUVEK OKANIO LOVA 38
MIRANDA I KALIBAN 42
FAUSTOVIH 47 000 PROČITANIH KNJIGA 47
MANON 52
JEDAN TRENUTAK SVANOVE LJUBAVI 60

DRUGA KNJIGA

Prethodna napomena uz drugi tom 69
ODISEJEVA ODLUKA 71
ŠTA JE HLOE ZAPISALA O DAFNISU U SVOJ
 DNEVNIK 74
GARGANTUA SE RAZLJUTIO 87
FALSTAF KAO VASPITAČ 89
SANČO UPRAVO RUČA 92
PISMO O DON ŽUANOVOJ MIRIŠLJAVOSTI 94
KARAMAZOVI, TO JEST PITANJE
 O NOVCU 99
VINI PU — NOBELOVAC? 102
ŠVEJK PRED STRAŠNO SUĐENJE 106

TREĆA KNJIGA

Prethodna napomena uz treći tom 117
KNJIGA O JOVU 119
EDIPOV KOMPLEKS 125
PETELJKA S TREŠNJAMA ZA TERSITOVIM
 UVETOM 129
ENEJA U BLISTAV ZAGLEDAN GRAD 133
STANJE U TRISTANOVOM MOZGU 135
HAMLET U ZASEDI 139

ČETVRTA KNJIGA

ORFEJ ili UMETNOST FUGE 147

POGOVOR (Jovica Aćin) 177
Izvori, citati, epigrafi 179

BELEŠKA O PISCU 187

Izdavačka radna organizacija
»RAD«
Beograd, Moše Pijade 12

*

Za izdavača
Milovan Vlahović

*

Recenzent
Jovica Aćin

*

Lektor
Jelka Milišić

*

Korektor
Anka Bukavac

*

Štampano
u 1.000 primeraka

*

Štampa
Grafička radna organizacija
»Prosveta«
Beograd, Đure Đakovića 21

КАТАЛОГИЗАЦИЈА У ПУБЛИКАЦИЈИ (CIP)

82—4

СТОЈАНОВИЋ, Драган

Svetska književnost : naučno proverene povesti o poznatim ličnostima iz svetske književnosti u kojima se iznosi istina o raznim pitanjima a naročito o ljubavi, razvrstane u četiri knjige / Dragan Stojanović. — Beograd : Rad, 1988. — 192 стр. ; 20 см. — (Znakovi pored puta)

Izvori, citati, epigrafi / Jovica Aćin : стр. 179—184.

ISBN 86-09-00128-8

ПК:а. Светска књижевност—Ликови

Обрађено у Народној библиотеци Србије, Београд

znakovi pored puta

1. David Albahari: OPIS SMRTI
2. Novica Tadić: OGNJENA KOKOŠ
3. Milenko Pajović: ČEŠLJANJE JEZIKA
4. Ilija Lakušić: PRAPEČAT
5. Radoslav Petković: ZAPISI IZ GODINE JAGODA
6. Dušan Jovanović: VOJNA TAJNA
7. Živorad Đorđević: TUMAČENJE SNOVA
8. Dragan M. Knežević: PUPČANA VRPCA
9. Miladin Ćulafić: GRIMASE PO VAZDUHU
10. Nebojša Vasović: POEZIJA KAO IZVANUMIŠTE
11. Jovo Marić: KNJIGA SMRTI I RAZONODE
12. Milenko Pajović: KAŽI, KAŽI, ANITA
13. Novica Tadić: POGANI JEZIK
14. Mihajlo Pantić: HRONIKA SOBE
15. Alek Marjano: NOVO PRIVATNO GROBLJE
16. Miodrag Ćupić: SMRT NA JUGU
17. David Albahari: FRAS U ŠUPI
18. Radoslav Petković: SENKE NA ZIDU
19. Dragan Velikić: STAKLENA BAŠTA
20. Labud Dragić: KOJI NEMAJU PEČATA
21. Tatijana Drakulić: KOLIKO PREĐE PUTNIK AKO IDE PEŠKE
22. Đorđe Nešić: CRV SUMNJE U JABUCI RAZDORA
23. Jovica Aćin: ŠLJUNAK I MAHOVINA
24. Milorad Stojević: ORGIJA ZA MADONU
25. Jasmina Rakić: SATANA IMA VAŠA LICA
26. Ljiljana Đurđić: KAKO SAM LJUBILA FRANCA KASPARA
27. Slobodan Zubanović: REPORTER
28. Milan Đorđević: MUVA I DRUGE PESME
29. Srđan Dragojević: KNJIGA AKCIONE POEZIJE
30. Novica Tadić: RUGLO
31. Tiodor Rosić: JARAC KOJI SE NE DA UZJAHATI
32. Ilija Lakušić: KVARENJE OMLADINE
33. Mirjana Božin: VEROISPOVEST
34. David Albahari: JEDNOSTAVNOST
35. Miladin Ćulafić: TOČAK ISTORIJE
36. Srba Ignjatović: CRV U GLAVI
37. Dragan Stojanović: SVETSKA KNJIŽEVNOST
38. Budimir Dubak: ČOVJEK BEZ UTJEHE
39. Dragan Velikić: VIA PULA

www.ingramcontent.com/pod-product-compliance
Lightning Source LLC
Chambersburg PA
CBHW071707090426
42738CB00009B/1702